A PROPRIEDADE É UM ROUBO
e outros escritos anarquistas

Leia também na Coleção **L&PM** POCKET:

História das ideias e movimentos anarquistas – vol. 1 – A ideia – George Woodcock
A desobediência civil – Henry David Thoreau
A propriedade é um roubo – Pierre-Joseph Proudhon
Textos anarquistas – Bakunin

PIERRE-JOSEPH PROUDHON

A PROPRIEDADE É UM ROUBO
e outros escritos anarquistas

Seleção e notas de Daniel Guérin

Tradução de Suely Bastos

www.lpm.com.br

L&PM POCKET

Coleção **L&PM** POCKET, vol. 84

Texto de acordo com a nova ortografia

Este livro foi publicado pela L&PM Editores em 1980

Primeira edição na Coleção **L&PM** POCKET: janeiro de 1998
Esta reimpressão: julho de 2023

Capa: Ivan G. Pinheiro Machado
Tradução: Suely Bastos
Revisão: Cintia Moscovich, Delza Menin e Flávio Dotti

ISBN 978-85-254-0730-6

P968p   Proudhon, Pierre-Joseph, 1809-1865
           A propriedade é um roubo / Pierre-Joseph Proudhon:
      seleção e notas de Daniel Guérin; tradução de Suely Bastos. –
      Porto Alegre: L&PM, 2023.
           144p. ; 18 cm -- (Coleção L&PM POCKET)

           1.Anarquismo-Proudhon-Ensaios. 2.Política-
      Anarquismo. 3.Guérin, Daniel. I.Título.II.Série.

                       CDU 321.74
                       330.85Proudhon

Catalogação elaborada por Izabel A. Merlo, CRB 10/329.

© desta tradução, L&PM Editores, 1998

Todos os direitos desta edição reservados a L&PM Editores
Rua Comendador Coruja 314, loja 9 – Floresta – 90.220-180
Porto Alegre – RS – Brasil / Fone: 51.3225.5777

Pedidos & Depto. Comercial: vendas@lpm.com.br
Fale conosco: info@lpm.com.br
www.lpm.com.br

Impresso no Brasil
Inverno de 2023

Sumário

Pierre-Joseph Proudhon (1809-1865) 7
   Proudhon jovem: autorretrato 9
   Proudhon tipógrafo 11
   Estreias públicas 15

A propriedade é um roubo 20
   Advento da liberdade 24

O sistema de contradições econômicas 31

Proudhon na Revolução de 1848 36
   Proudhon se lança ao combate 47
   Proudhon candidato desempossado
     (abril de 1848) 51
   Proudhon candidato eleito
     (4 de junho de 1848) 53
   Após a insurreição operária de
     junho de 1848 53

Manifesto eleitoral do povo 56

Do princípio de autoridade 72
   O preconceito governamental 72
   Do poder absoluto à anarquia 79
   Das leis 82

O sistema representativo 86
Do sufrágio universal 88
O governo e o povo 91
Nada de autoridade 93
Proudhon e as candidaturas operárias
  (1863-1864) 98
Paris numa tarde de eleições
  (10 de junho de 1863) 103
Manifesto dos sessenta operários do Sena
  (17 de fevereiro de 1864) 105
Nada de candidatos! 117

Contra o "comunismo" 136
  A soberania coletiva 136
  O "comunismo": um estatismo agravado 138
  Da associação 139
  A pretensa ditadura das massas 139
  Da espontaneidade 141
  A revolução não é obra de ninguém 141

PROUDHON (1809-1865)

A 16 de janeiro de 1865, Pierre-Joseph Proudhon morria em Paris, aos cinquenta e seis anos de idade, prematuramente desgastado por um intenso labor cerebral. Como evocar em algumas palavras a personalidade desse velho operário, filho de suas obras, autodidata?

Colocados todos os seus outros méritos à parte, foi um dos maiores escritores da língua francesa, ao qual o crítico literário Sainte-Beuve consagrou um livro inteiro.

O gênio de Proudhon era multiforme, suas obras completas (às quais se acrescentam os catorze volumes da Correspondência, os cinco volumes dos Cadernos, e manuscritos inéditos revelados pela tese de doutorado de Pierre Haubtmann), superabundantes. Foi, ao mesmo tempo, o pai do "socialismo científico", da economia política socialista e da sociologia moderna, o pai do anarquismo, do mutualismo, do sindicalismo revolucionário, do federalismo e desta forma particular do coletivismo que hoje a "autogestão" atualiza. Suas considerações sobre a História e, notadamente, sobre a Revolução Francesa e sobre Napoleão são de uma perspicácia que o aparentam a Michelet. Enfim e sobretudo, foi o primeiro a entrever, e a denunciar profeticamente, os perigos de um socialismo autoritário, estatal e dogmático.

A Revolução de 1848 lhe forneceu a ocasião de descer, com coragem, à arena revolucionária, e, sob o segundo Bonaparte, a audácia subversiva de seus escritos lhe valeu perseguições, a prisão e o exílio.

Sua distinção de espírito original e paradoxal, exagerada por uma poderosa inspiração plebeia, levou-o muito frequentemente a deixar fundir em seu cérebro, em ebulição, ideias excessivas: sobre a guerra, sobre o progresso, sobre o feudalismo, sobre o racismo, sobre a arte, sobre a sexualidade etc. Pregava uma moral fanaticamente puritana. Nunca se libertou inteiramente da formação cristã de seus primeiros anos e, em sua obra mais monumental, um dos requisitórios mais virulentos e mais esmagadores jamais pronunciados pelo anticlericalismo, a Justiça aparece no fim das contas como um sinônimo, pouco diferenciado, de Deus*. Ele não conseguiu nunca rejeitar o forte cunho idealista que devia à leitura, por pessoas intermediárias, de Hegel, e seu espírito fundamentalmente jurídico permaneceu fechado à concepção materialista da História.

Ao mesmo tempo revolucionário e conservador, apaixonado pela liberdade e pela ordem, Proudhon foi reivindicado pelas ideologias as mais opostas. Em vida, ainda que bastante lido e objeto de uma publicidade barulhenta, foi singularmente só.

O marxismo, que lhe deve muito e que nem sempre o atacou de boa-fé, eclipsou-o durante muito tempo. Ainda que dividido sobre o plano da ação entre o blanquismo, o reformismo parlamentar, o anarquismo e o estatismo e, no plano teórico, entre a filosofia hegeliana e a economia política inglesa, ele é, pelo

---

* *De la Justice dans la Révolution et dans l'Église*, 1858.

menos aparentemente, mais coerente do que foram as visões por vezes caóticas de Proudhon. O formidável poder temporal e a ditadura intelectual exercida hoje sob o nome, usurpado, de Marx, a favor ao mesmo tempo da Revolução de Outubro e de sua traição pelos epígonos vermelhos, fizeram injustiça à memória de Proudhon. Ele foi até ontem quase um desconhecido, caluniado, esquecido... Acreditava-se ter dito tudo ao lhe jogar o epíteto insultante de "pequeno-burguês". Mas até no campo "marxista" começa-se a relê-lo e a injúria a baixar de tom.

Proudhon jovem: autorretrato[*]

Não tenho nada a dizer de minha vida privada; ela não concerne aos outros. Sempre tive pouco gosto pelas autobiografias e não me interesso pelos negócios de quem quer que seja. A própria História e o romance só me atraem na medida em que aí encontro, como em nossa imortal Revolução, as aventuras da ideia.

(...) Nasci em Besançon, em 15 de janeiro de 1809, filho de Claude-François Proudhon, tanoeiro, cervejeiro, natural de Chasnans, perto de Pontalier, Departamento de Doubs; e de Catherine Simonin, de Cordiron, paróquia de Burgille-les-Marnay, mesmo Departamento.

Meus avós por parte de pai e mãe foram todos agricultores livres, isentos de corveias e de mãos-mortas desde um tempo imemorial.

---

[*] Excertos de *De la Justice...*, II; *Lettres à l'Académie de Bésançon*, 1837; *Confessions d'un Révolutionnaire pour Servir à l'Histoire de la Révolution de Février*, 1819.

(...) Até os doze anos, minha vida foi quase toda passada nos campos, ocupada ora em pequenos trabalhos rústicos, ora em pastorear as vacas. Fui vaqueiro durante cinco anos. Não conheço existência ao mesmo tempo mais contemplativa e mais realista, mais oposta a este absurdo espiritualismo que é a base da educação e da vida cristãs, do que a do homem do campo.

(...) Que prazer antigamente de me rolar nos altos capins, que eu quisera roer como minhas vacas; em correr de pés descalços sobre os caminhos úmidos ao longo das sebes; mergulhar minhas pernas, (...) plantando as verdes *turquias** na terra profunda e fresca! Mais de uma vez nas quentes manhãs de junho aconteceu-me de tirar minhas roupas e tomar banho de orvalho no relvado.

(...) Mal então distinguia o eu do não eu. Eu era tudo o que podia tocar com a mão, alcançar com o olhar e que me era bom por algum motivo; não eu era tudo o que podia me fazer mal ou resistir a mim. Todo dia eu me enchia de amoras, de rapôncios, de salsifes dos prados, de ervilhas verdes, de grãos de papoulas, de espigas de milho assadas, de bagas de todas as espécies, ameixas, lodão, cerejas, rosas silvestres, videiras, frutos selvagens; eu me empanturrava com montes de frutas e legumes crus de fazer estourar um pequeno-burguês bem-educado e que não produziam outro efeito em meu estômago senão o de me dar à tarde um apetite formidável. A boa natureza não faz mal àqueles que lhe pertencem.

(...) De quantas chuvas me enxuguei! Quantas vezes, molhado até os ossos, sequei minhas roupas no

---

* *Turquia*, nome dado pelos camponeses ao milho (confundido com o trigo dito da Turquia, mas de fato originário do Novo Mundo).

corpo, ao vento ou ao sol! Quantos banhos tomados a todo momento, no verão, no rio, no inverno, nas fontes! Trepava nas árvores; metia-me nas cavernas; apanhava rãs na corrida, caranguejos em suas tocas, arriscando-me a encontrar uma horrível salamandra; depois, no mesmo lugar, eu assava minha caça. Há, do homem ao animal, em tudo o que existe, simpatias e ódios secretos de que a civilização rouba o sentimento. Eu amava minhas vacas, mas com uma afeição desigual; tinha preferência por uma galinha, por uma árvore, por um rochedo; disseram-me que o lagarto é amigo do homem e eu o acreditava sinceramente. Mas sempre fiz rude guerra às cobras, aos sapos e às lagartas. *O que eles me fizeram? Nenhuma ofensa*. Não sei; mas a experiência dos homens me fez detestá-los sempre mais.

PROUDHON TIPÓGRAFO

(...) Saído do colégio, a oficina me recebeu. Eu tinha dezenove anos. Tornado produtor por conta própria e cambista, meu trabalho cotidiano, minha instrução adquirida, minha razão mais vigorosa me permitiam aprofundar bem mais o problema, como não teria sabido fazer outrora. Esforços inúteis: as trevas se adensavam cada vez mais.

Mas quê! Dizia-me todos os dias, no "soltar" minhas linhas, se por algum meio os produtores podiam se combinar para vender seus produtos e serviços quase a preço de custo e, por conseguinte, pelo que eles valem, existiriam menos novos-ricos, sem dúvida, mas também existiria muito menos indigência. (...) Nenhuma experiência positiva demonstra que as vontades e os interesses não possam ser equilibrados de tal modo que a paz, uma paz imperturbável, seja fruto disso, e que a riqueza torne-se a condição geral. (...) Toda a questão é encontrar um princípio de harmonia, de ponderação, de equilíbrio.

Após algumas semanas de trabalho em Lyon, depois em Marselha, o *labeur** sempre faltando, dirigi-me a Toulon, onde cheguei com três francos e cinquenta centavos, meu último recurso. Eu jamais estive mais alegre, mais confiante do que neste momento crítico. Ainda não havia aprendido a calcular o dever e o haver de minha vida; era jovem. Em Toulon, nada de trabalho: chegava muito tarde, errara o "fuso" por vinte e quatro horas. Veio-me uma ideia, verdadeira inspiração da época: enquanto em Paris os operários sem emprego atacavam o governo, eu resolvi, de minha parte, dirigir uma intimação à autoridade.

Fui à Câmara Municipal e pedi para falar com o presidente. Introduzido no gabinete do magistrado, estendi-lhe meu passaporte:

– Eis, Senhor – eu lhe disse –, um documento que me custou dois francos e que, após informações sobre minha pessoa fornecidas pelo comissário de polícia de meu bairro, assistido por duas testemunhas conhecidas, me promete, junto às autoridades civis e militares, dar assistência e proteção em caso de necessidade. Ora, sabeis, Senhor Presidente, que sou tipógrafo e que desde Paris procuro trabalho sem encontrar e que estou no fim das minhas economias. O roubo é punido, a mendicância proibida; a renda não é para todo mundo. Resta o tra-

---

* Trabalho tipográfico de longa duração; ainda em nossos dias distinguem-se as tipografias de "grande tiragem" das tipografias "de imprensa".

balho, cuja garantia lhe parece completar o objetivo de meu passaporte. Em consequência, Senhor Presidente, venho colocar-me à vossa disposição.

Eu era da estirpe daqueles que, um pouco mais tarde, tomaram por divisa: *Viver trabalhando ou morrer combatendo!* que, em 1848, provocavam três meses de miséria à República; que em junho, escreviam sobre sua bandeira: *Pão ou chumbo!* Eu procedia mal, hoje o confesso: que meu exemplo instrua meus semelhantes.

Aquele a quem me dirigia era um homem pequeno, rechonchudo, gorducho, satisfeito, usando óculos com armação de ouro e que, certamente, não estava preparado para esta intimação. Eu anotei seu nome, gosto de conhecer aqueles que quero. Era um tal de Senhor Guieu, dito Tripette ou Tripatte, antigo procurador, homem novo, descoberto pela dinastia de Junho e que, embora rico, não recusava uma bolsa de estudos para seus filhos. Ele deve ter me tomado por um fugitivo da insurreição que acabava de agitar Paris no enterro do general!*

– Senhor – disse-me dando pulinhos em sua poltrona –, vossa reivindicação é insólita e vós interpretais mal vosso passaporte. Quer dizer que, se vos agridem, se vos roubam, a autoridade vos defenderá: eis tudo.

– Perdão, Senhor Presidente, a lei, na França, protege todo o mundo, mesmo os culpados que ela reprime. A polícia não tem o direito de ferir o assassino que ela prende, exceto no caso de legítima defesa.

---

* As exéquias do general Maximilien Lamarque (1770-1832) ocorreram na ocasião de uma grandiosa manifestação popular que degenerou em tumulto.

Se um homem é aprisionado, o diretor não pode se apropriar de seus bens. O passaporte, assim como a carteira de trabalho, porque estou munido de um e de outro, implica para o operário algo mais ou não significa nada.

– Senhor, vou vos fazer entregar 15 centavos por légua para retornar para sua região. É tudo o que vos posso fazer. Minhas atribuições não vão mais longe.

– Senhor Presidente, isto é esmola e não quero. Depois, quando estiver em minha terra, onde acabo de saber que não há o que fazer, irei procurar o Presidente da Câmara como hoje acabo de procurá-lo; de sorte que minha volta terá custado 18 francos ao Estado, sem utilidade para ninguém.

– Senhor, isto não está em minhas atribuições...

Ele não saía disso. Repelido com insucesso no terreno da legalidade, eu quis tentar por outros meios. Talvez, disse-me, o homem valha mais que o funcionário: ar plácido, figura cristã, menos a mortificação; mas os mais bem-alimentados são ainda os melhores.

– Senhor – retomei –, visto que vossas atribuições não vos permitem cuidar de minha petição, dai-me um conselho. Posso, em caso de necessidade, tornar-me útil fora de uma tipografia e nada me repugna. Vós conheceis o local: que há para fazer? Que vós me aconselhais?

– Senhor, retire-se.

Eu o media dos pés à cabeça. (...)

– Pois bem, Senhor Presidente – disse-lhe eu entredentes –, prometo-lhe não me esquecer desta audiência.

E, ao deixar a Câmara Municipal, saí de Toulon para a Itália.

(...) Há dois anos corro o mundo, estudando, interrogando o povinho de que me encontro mais próximo por minha condição social; não tendo tempo de ler e menos ainda de escrever!

(...) Tal foi até este dia, tal é ainda minha vida: habitando as oficinas, testemunha dos vícios e das virtudes populares, comendo meu pão ganho a cada dia com o suor de meu rosto, obrigado, com meus módicos ordenados, a ajudar minha família e a contribuir na educação de meus irmãos; no meio de tudo isto, meditando, filosofando, reunindo as menores coisas de observações imprevistas.

Fatigado pela condição precária e miserável de operário, quis finalmente tentar, conjuntamente com um de meus colegas, organizar um pequeno estabelecimento de tipografia. As economias dos dois amigos foram postas em comum e todos os recursos de suas famílias lançadas nesta loteria. O pérfido jogo dos negócios atraiçoou nossa esperança: ordem, trabalho, economia, nada serviu; dos dois sócios, um foi para o lado de uma mata morrer de prostração e de desespero, o outro só tem de se arrepender de ter gasto o último pedaço de pão de seu pai.

Estreias públicas

(...) Minha vida pública começa em 1837, em plena corrupção filipista*. A Academia de Besançon devia conceder a pensão trienal, legada pelo Senhor Suard, secretário da Academia Francesa, aos jovens sem fortuna do Franco-Condado que se destinam à car-

---

* Isto é, sob o reinado do rei Luís Felipe (1830-1848).

reira das letras ou das ciências. Entrei na concorrência. No relatório que dirigi à Academia e que existe em seus arquivos, eu lhes digo:

"Nascido e criado no seio da classe operária, pertencendo-lhe ainda pelo coração e pelas afeições, sobretudo pela comunidade de sofrimentos e de desejos, minha maior alegria, se eu obtiver os sufrágios da Academia, seria trabalhar sem descanso, pela filosofia e pela ciência, com toda a energia de minha vontade e todos os poderes de meu espírito para a melhoria física, moral e intelectual daqueles que eu me aprazo em nomear meus irmãos e meus companheiros; de poder espalhar entre eles os germes de uma doutrina que eu vejo como a lei do mundo moral, e, contando com o sucesso de meus esforços, de me encontrar já, senhores, como seu representante frente a vós".

Minha revolta, como se vê, data de longe. Era ainda jovem e pleno de fé quando pronunciei meus votos. Meus concidadãos dirão se lhes fui fiel. Meu socialismo recebeu o batismo de uma sábia companhia; tive por madrinha uma academia; e se minha vocação, há muito tempo decidida, pudesse se enfraquecer, o encorajamento que recebi então de meus honoráveis compatriotas o teria confirmado de forma irreversível.

Logo pus-me à obra. Não fui de modo algum buscar a luz nas escolas socialistas que subsistiam nesta época e que já começavam a passar de moda. Deixei igualmente os homens de partido e o jornalismo, muito ocupados com suas lutas cotidianas para imaginar as consequências de suas próprias ideias. Não conheci nem procurei as sociedades secretas; todo este mundo me parecia se distanciar tanto do objetivo que eu perseguia quanto os ecléticos e os jesuítas.

Eu comecei meu trabalho de conspiração solitária pelo estudo das antiguidades socialistas, necessário, a meu ver, para determinar a lei teórica e prática do movimento. Estas antiguidades, eu as encontrei primeiro na Bíblia. Falando aos cristãos, a Bíblia devia ser para mim a primeira das autoridades. Um relatório sobre a instituição sabática, considerada do ponto de vista da moral, da higiene, das relações de família e da cidade, me valeu uma medalha de bronze de minha academia. Da fé em que havia sido criado precipitei-me então, cabeça baixa, na razão pura, e logo, coisa singular e para mim de bom augúrio, por ter feito Moisés filósofo e socialista, recebi aplausos. Se agora estou errado, a falta não é somente minha: houve alguma vez sedução semelhante?

Mas eu estudava sobretudo para realizar. Preocupavam-me pouco as palmas acadêmicas; não tinha tempo para tornar-me dentista, ainda menos literato ou arqueólogo. Aproximei-me imediatamente da economia política.

Havia tomado por regra de meus julgamentos que todo princípio que, levado a suas últimas consequências, desembocasse numa contradição devia ser tido por falso e negado; e que, se este princípio tivesse dado lugar a uma instituição, a própria instituição devia ser considerada como artificial, como uma utopia.

Munido deste critério, eu escolhi para objeto de experiência o que encontrara na sociedade de mais antigo, de mais respeitável, de mais universal, de menos controverso, a propriedade. Sabe-se o que me aconteceu. Após uma longa, minuciosa e sobretudo imparcial análise, cheguei, como um algebrista conduzido por suas equações, a esta conclusão surpreendente: a propriedade, de qualquer ângulo que se a considere, a qualquer princípio que se a relacione, é uma ideia contraditória. E, como a negação da propriedade levava à negação da autoridade, eu deduzia imediatamente de minha definição este corolário não menos paradoxal: a verdadeira forma de governo é a anarquia.

(...) Considerei meu trabalho bastante inquietante por si mesmo para merecer a atenção do público e para despertar a solicitude dos sábios. Dirigi meu relatório à Academia das Ciências Morais e Políticas: a acolhida favorável que ele recebeu, os elogios que o relator, Senhor Blanqui*, considerou dever fazer ao escritor me motivaram a pensar que a Academia, sem assumir a responsabilidade de minha teoria, estava satisfeita com meu trabalho, e eu continuei minhas pesquisas.

A dialética me embriagava: um evidente fanatismo, particular aos lógicos, me exaltara e fizera de meu relatório um panfleto. O Ministério Público de Besançon, considerando dever ser severo contra esta brochura, faz-me comparecer diante do Tribunal Criminal do Departamento de Doubs, sob a quádrupla acusação de ataque à propriedade, de incitamento contra o governo, de ultraje à religião e aos costumes. Fiz o que pude para explicar ao júri como, no estado atual da circulação mercantil, o valor de uso e o valor de troca sendo duas quantidades incomensuráveis e em perpétua oposição, a propriedade é completamente ilógica e instável, e que tal é a razão pela qual os trabalhadores são cada vez mais pobres e os proprietários cada vez menos ricos. O júri pareceu não

---

* Adolphe Blanqui (1798-1854), economista burguês, irmão do grande revolucionário Auguste Blanqui.

compreender grande coisa de minha demonstração: disse que isto era matéria científica e, por conseguinte, fora de sua competência, e proferiu um veredito de absolvição em meu favor.

A PROPRIEDADE É UM ROUBO*

Se eu tivesse de responder à seguinte questão: o que é a escravidão?, e a respondesse numa única palavra: é um assassinato, meu pensamento seria logo compreendido. Eu não teria necessidade de um longo discurso para mostrar que o poder de tirar ao homem o pensamento, a vontade, a personalidade é um poder de vida e de morte, e que fazer um homem escravo é assassiná-lo. Por que então a esta outra pergunta: o que é a propriedade?, não posso eu responder da mesma maneira: é um roubo, sem ter a certeza de não ser entendido, embora esta segunda proposição não seja senão a primeira transformada?

Eu tento discutir a própria origem de nosso governo e de nossas instituições, a propriedade; estou no meu direito: posso me enganar na conclusão que resultará de minhas pesquisas; agrada-me colocar o último pensamento de meu livro no início; estou sempre no meu direito.

Tal autor explica que a propriedade é um direito civil, nascido da ocupação e sancionado pela lei; tal outro sustenta que ela é um direito nacional, tendo sua fonte no trabalho, e estas doutrinas, por mais opostas que pareçam, são estimuladas, aplaudidas. Eu afirmo que nem o trabalho, nem a ocupação e nem a lei podem criar a propriedade; que ela é um efeito sem causa: sou repreensível?

Quantas queixas se levantam!

---

* Extraído de *Qu'est-ce que la Propriété?*, 1810.

– A propriedade é um roubo! Eis o rebate de 93! Eis a desordem das revoluções!

– Leitor, tranquilizai-vos: não sou de modo algum um agente de discórdia, um bota-fogo de sedição. Antecipo-me alguns dias na História; exponho uma verdade cuja passagem nós tentamos em vão barrar; escrevo o preâmbulo de nossa futura constituição. Esta definição que vos parece blasfematória, a propriedade é um roubo, seria o punhal exorcizador do ódio se nossas preocupações nos permitissem entendê-la; mas quantos interesses, quantos preconceitos se lhe opõem! A filosofia não mudará de maneira alguma, *hélas*!; o curso dos acontecimentos: os destinos se efetuarão independentemente da profecia; aliás, não é necessário que a justiça se faça e que nossa educação se complete?

– A propriedade é um roubo! Que inversão das ideias humanas! Proprietário e ladrão foram em todos os tempos expressões contraditórias tanto como os seres que elas designam são antipáticos; todas as línguas consagraram esta antilogia. Sobre que autoridade poderias então atacar o consenso universal e dar o desmentido ao gênero humano? Quem és para negar a razão dos povos e dos tempos?

– Que vos importa, leitor, minha medíocre individualidade? Eu sou, como vós, de um século em que a razão só se submete ao fato e à prova; minha reputação, assim como a vossa, é de investigador da verdade*; minha missão está escrita nessas palavras da lei: Fale sem ódio e sem medo; diga o que tu sabes. A obra de nossa espécie é construir o templo da

---

* Em grego *skepticos*, indagador, filósofo que faz profissão de procurar o verdadeiro. (Nota de Proudhon.)

ciência, e esta ciência abrange o homem e a natureza. Ora, a verdade se revela a todos, hoje a Newton e a Pascal, ao pastor no vale, ao operário na oficina. Cada um coloca sua pedra no edifício e, sua tarefa feita, desaparece. A eternidade nos precede, a eternidade nos segue: entre dois infinitos, que é o lugar de um mortal para que o século nele se informe?

Deixai, portanto, leitor, meu valor e meu caráter, e ocupai-vos só com minhas razões. É conforme o consenso universal que eu pretendo corrigir o erro universal; é à fé do gênero humano que chamo de opinião do gênero humano. Tende a coragem de me seguir e, se vossa vontade é sincera, se vossa consciência é livre, se vosso espírito sabe unir duas proposições para daí extrair uma terceira, minhas ideias tornar-se-ão infalivelmente as vossas. Começando por vos lançar minha última palavra, quis eu vos prevenir e não vos desafiar: porque, tenho certeza, se me leres, eu forçarei vossa concordância. As coisas de que tenho a vos falar são tão simples, tão palpáveis, que vos espantareis de não as ter percebido, e vós vos direis: "Eu não tinha refletido nada disso". Outros vos oferecerão o espetáculo do gênio violentando os segredos da natureza e divulgando oráculos sublimes; vós não encontrareis aqui senão uma série de experiências sobre o justo e sobre o direito, uma espécie de verificação de pesos e medidas de vossa consciência. As operações se farão sob vossos olhos; e vós mesmos apreciareis o resultado.

Além disso, não disponho de sistema: eu desejo o fim do privilégio, a abolição da escravatura, a igualdade de direitos, o reino da lei. Justiça, nada senão Justiça; tal é o resumo de meu discurso; deixo a outros o encargo de disciplinar o mundo.

Eu me disse um dia: por que, na sociedade, há tanta dor e miséria? O homem deve ser eternamente infeliz? E, sem me limitar às explicações gerais dos empreendedores de reformas ao denunciar a miséria geral, estes a covardia e a imperícia do poder, aqueles os conspiradores e os motins, outros a ignorância e a corrupção geral; fatigado com os intermináveis combates da tribuna e da imprensa, quis eu próprio aprofundar a coisa. Consultei os mestres da ciência, li centenas de volumes de filosofia, de direito, de economia política e de história: e queira Deus que eu tivesse vivido num século em que tanta leitura me fosse inútil! Fiz todos os esforços para obter informações exatas, comparando as doutrinas, opondo às objeções as respostas, fazendo sem cessar equações e reduções de argumentos, pesando os milhares de silogismos à luz da lógica mais escrupulosa. Neste penoso caminho, reuni vários fatos interessantes, de que darei conhecimento a meus amigos e ao público assim que tiver tempo. Mas, é preciso que eu o diga, primeiramente julguei reconhecer que nós jamais compreendemos o sentido destas palavras tão vulgares e tão sagradas: justiça, igualdade, liberdade; que sobre cada uma destas coisas nossas ideias eram profundamente obscuras; e que enfim esta ignorância era a única causa do pauperismo que nos devora e de todas as calamidades que afligiram a espécie humana.

Meu espírito se assombrou com este estranho resultado: eu duvidava de minha razão. Como!, dizia eu, isto que o olho nunca viu, nem a orelha ouviu, nem a inteligência penetrou, tu a descobririas! Tenha medo, infeliz, de tomar as visões de teu cérebro doente por conhecimento da ciência! (...)

Resolvi então fazer uma contraprova de meus julgamentos, e eis quais foram as condições que me impus a mim mesmo neste novo trabalho: é possível que na aplicação de princípios da moral a humanidade esteja há tanto tempo e tão universalmente enganada? Como e por que ela estaria enganada? Como seu erro, sendo universal, não seria invencível?

Estas questões, de cuja solução eu fazia depender a certeza de minhas observações, não resistiram muito tempo à análise.

(...) Sim, todos os homens acreditam e repetem que a igualdade de condições é idêntica à igualdade de direitos; que propriedade e roubo são termos sinônimos; que toda proeminência social, concedida ou, para melhor dizer, usurpada sob pretexto de superioridade de talento e de serviço, é iniquidade e pilhagem: todos os homens, eu digo, atestam estas verdades em sua alma; trata-se só de fazê-los descobrir.

ADVENTO DA LIBERDADE*

A comunidade** é opressão e servidão. O homem quer na verdade se submeter à lei do dever, servir sua pátria, obsequiar seus amigos, mas ele quer trabalhar naquilo que lhe agrada, quando lhe agrada, tanto quanto lhe agrade; ele quer dispor de suas horas, obedecer somente à necessidade, escolher seus amigos, suas diversões, sua disciplina; prestar serviço por satisfação,

---

* O título é nosso.

** Por "comunidade" Proudhon entende, como aliás ele mesmo o diz, o "sistema comunista": uma "tirania mística e anônima", "a pessoa humana destituída de suas prerrogativas".

não por ordem; sacrificar-se por egoísmo e não por uma obrigação servil. A comunidade é essencialmente contrária ao livre exercício de nossas faculdades, a nossos pendores mais nobres, a nossos sentimentos mais íntimos; tudo o que se imaginar para conciliá-la com as exigências da razão individual e da vontade não levará senão a mudar a coisa conservando o nome; ora, se nós procuramos a verdade de boa-fé, devemos evitar as disputas de palavra.

Assim, a comunidade viola a autonomia da consciência e a igualdade; a primeira, comprimindo a espontaneidade do espírito e do coração, o livre-arbítrio na ação e no pensamento; a segunda, recompensando com uma igualdade de bem-estar o trabalho e a preguiça, o talento e a asneira, o próprio vício e a virtude.

(...) Que forma de governo iremos preferir?

– Em! vós podereis perguntá-lo; e sem dúvida qualquer um de meus mais jovens leitores responde, "vós sois republicano".

– Republicano, sim; mas esta palavra não especifica nada. *Res publica* é a coisa pública. Ora, quem quer que queira a coisa pública, sob qualquer forma de governo que seja, pode se dizer republicano. Os reis também são republicanos.

– Então vós sois democrata?
– Não.
– Como! Sereis monarquista?
– Não.
– Constitucional?
– Deus me livre.
– Então vós sois aristocrata?

– De modo nenhum.
– Vós quereis um governo misto?
– Menos ainda.
– O que sois então?
– Eu sou anarquista.
– Eu o entendo! Vós fazeis sátira; isto está dirigido ao governo.

– De maneira alguma: vós acabais de ouvir minha profissão de fé, séria e maduramente refletida; ainda que muito amigo da ordem, eu sou, com toda a força do termo, anarquista. Escutai-me.

O homem, para chegar à mais rápida e à mais perfeita satisfação de suas necessidades, busca a regra: no começo, esta regra é viva para ele, visível e tangível; é seu pai, seu senhor, seu rei. Mais o homem é ignorante, mais sua obediência, mais sua confiança em seu guia é absoluta. Mas o homem, cuja lei é conformar-se à regra, isto é, descobri-la pela reflexão e pela argumentação, o homem pensa sobre as ordens de seus chefes: ora, semelhante reflexão é um protesto contra a autoridade, um início de desobediência. Desde o momento em que o homem procura os motivos da vontade soberana, desde este momento o homem se revoltou. Se ele não obedece mais porque o rei comanda mas porque o rei prova, pode-se afirmar que de agora em diante ele não reconhece mais nenhuma autoridade e que ele fez a si mesmo seu próprio rei. Infeliz de quem ousará conduzi-lo e não lhe oferecer, por sanção de suas leis, senão o respeito de uma maioria: porque, cedo ou tarde, a minoria fará maioria, e este déspota imprudente será derrubado e todas as suas leis destruídas.

À medida que a sociedade fica mais esclarecida a autoridade real diminui: este é um fato de que toda a História dá testemunho. No nascimento das nações, é vão aos homens refletir e raciocinar: sem métodos, sem princípios, não sabendo nem mesmo fazer uso de sua razão, não sabem se veem justo ou se enganam; então a autoridade dos reis é imensa, nenhum conhecimento adquirido chega a contradizê-la. Mas pouco a pouco a experiência cria hábitos e estes, costumes, depois os costumes formulam-se em máximas, arranjam-se em princípios, numa palavra, traduzem-se em leis, às quais o rei, a lei viva, é forçado a respeitar. Vem um tempo em que os costumes e as leis são tão multiplicados que a vontade do princípio é por assim dizer englobada pela vontade geral; quem tomar a coroa é obrigado a jurar que governará conforme os costumes e os usos, e que ele não é ele mesmo, mas o poder executivo de uma sociedade cujas leis se fizeram sem ele.

Até lá, tudo se passa de uma maneira instintiva e, por assim dizer, com o desconhecimento das partes: mas vejamos o termo fatal deste desenvolvimento.

À força de se instruir e de adquirir ideias, o homem acabou por adquirir a ideia de ciência, quer dizer, a ideia de um sistema de conhecimento conforme a realidade das coisas e deduzido da observação. Ele procura então ou a ciência ou um sistema de corpos brutos, um sistema de corpos organizados, um sistema do espírito humano, um sistema do mundo: como não procuraria também o sistema da sociedade? Mas, tendo chegado a este ponto, ele compreende que a verdade ou a ciência política são coisas completamente independentes da vontade soberana, da opinião das maiorias e das crenças populares, que reis, ministros e povos, enquanto vontades, não são nada para a ciência e não merecem consideração alguma. Ele compreende de repente que, se o homem nasceu sociável, a autoridade de seu pai sobre ele cessa no dia em que, sua razão estando formada e sua educação completa, ele se torna o associado de seu pai; que seu verdadeiro chefe e seu rei é a verdade demonstrada; que a política é uma ciência, não uma astúcia; e que a função do legislador se limita, em última análise, à busca metódica da verdade.

Assim, numa sociedade dada, a autoridade do homem sobre o homem está em razão inversa ao desenvolvimento intelectual ao qual esta sociedade chegou, e a duração provável desta autoridade pode ser calculada sobre o desejo mais ou menos geral de um governo verdadeiro, quer dizer, de um governo segundo a ciência. E, assim como o direito da força e o direito da astúcia se restringem diante da determinação cada vez mais ampla da justiça e devem acabar por se apagar na igualdade, assim também a soberania da vontade cede diante da soberania da razão e acabará por se destruir num socialismo científico. A propriedade e a realeza estão em demolição desde o início do mundo; como o homem procura a justiça na igualdade, a sociedade procura a ordem na anarquia.

Anarquia, ausência de senhor, de soberano*, tal é a forma de governo de que nos aproximamos todos os dias e que o hábito inveterado de tomar o homem por regra e sua vontade por lei nos faz olhar como o cúmulo da desordem e a expressão do caos. Conta-se que um burguês de Paris do século XVIII – tendo

---

* O sentido ordinariamente atribuído à palavra anarquia é ausência do princípio, ausência de regra; de onde vem o que a fez sinônimo de desordem. (Nota de Proudhon.)

ouvido dizer que em Veneza não havia nenhum rei –, que este bom homem não podia se restabelecer de seu espanto e pensou morrer de rir à primeira notícia de uma coisa tão ridícula. Tal é o nosso preconceito: todos quantos somos, nós queremos um chefe ou chefes; e examino neste momento uma brochura cujo autor, zeloso comunista, sonha, como um outro Marat, com a ditadura.

(...) Esta síntese da comunidade e da propriedade nós a chamaremos liberdade.

Para determinar a liberdade, portanto, não reuniremos sem discernimento a comunidade e a propriedade, o que seria um ecletismo absurdo. Procuramos por um método analítico o que cada uma delas contém de verdadeiro, de conforme ao voto da natureza e às leis da sociabilidade, eliminamos o que elas contêm de elementos estranhos; e o resultado dá uma expressão adequada à forma natural da sociedade humana, em uma palavra, a liberdade.

A liberdade é igualdade, porque a liberdade não existe senão no estado social, e fora da igualdade não há sociedade.

A sociedade é anarquia, porque ela não admite o governo da vontade, mas somente a autoridade da lei, isto é, da necessidade.

A liberdade é variedade infinita, porque ela respeita todas as vontades, nos limites da lei.

A liberdade é proporcionalidade, porque ela deixa toda amplitude à ambição do mérito e à emulação da glória.

A liberdade é essencialmente organizadora; para assegurar a igualdade entre os homens, o equilíbrio entre as nações, é preciso que a agricultura e a indústria, os centros de instrução de comércio e de armazenamento sejam distribuídos segundo as condições geográficas e climáticas de cada país, a espécie de produtos, o caráter e os talentos naturais dos habitantes etc., em proporções tão justas, tão sábias, tão bem combinadas, que lugar algum apresente nem excesso nem ausência da população, de consumo e de produto. Aí começa a ciência do direito público e do direito privado, a verdadeira economia política.

(...) A política é a ciência de liberdade: o governo do homem pelo homem, sob qualquer nome que se disfarce, é opressão; a mais alta perfeição da sociedade se encontra na união da ordem e da anarquia.

O fim da antiga civilização chegou; sob um novo sol, a face da Terra vai se transformar. Deixemos uma geração se acabar, deixemos morrer no deserto os velhos prevaricadores: a terra santa não mais cobrirá seus ossos. Jovem, que a corrupção do século indigna e que o zelo da justiça devora, se a pátria vos é querida, e se o interesse da humanidade vos toca, ousai abraçar a causa da liberdade. Renunciai a vosso velho egoísmo, mergulhai na onda popular da igualdade nascente; lá, vossa alma revigorada retirará uma seiva e um vigor desconhecidos: vosso espírito debilitado reencontrará uma indomável energia; vosso coração, talvez já enfraquecido, rejuvenescerá. Tudo mudará de aspecto a vossos olhos purificados; novos sentimentos vos farão nascer novas ideias; religião, moral, poesia, arte, linguagem vos aparecerão sob uma forma maior e mais bela; e, de hoje em diante, certos de vossa fé, entusiastas com convicção, vós saudareis a aurora da regeneração universal.

O SISTEMA DE CONTRADIÇÕES ECONÔMICAS*

(...) Compreendi que, para adquirir o entendimento das revoluções sociais, a primeira coisa a fazer era construir a série inteira de suas antinomias, o sistema de suas contradições.

Seria difícil dar àqueles que não a leram uma ideia desta obra**. No entanto eu o tentarei, servindo-me da linguagem dos guarda-livros, hoje compreendida por toda gente; porque, se eu conseguia, em algumas linhas, dar uma ideia clara do que considero como o verdadeiro método econômico, é difícil que ela não tenha imediatamente contrariado todas as convicções.

Em meus primeiros relatórios, atacando de frente a ordem estabelecida, eu dizia, por exemplo, a propriedade é um roubo! Tratava-se de protestar, de, por assim dizer, colocar em relevo a fragilidade de nossas instituições. Eu não tinha então outra coisa a me ocupar. Também, no relatório em que eu demonstrava, por a + b, esta surpreendente proposição, tive o cuidado de protestar contra qualquer conclusão comunista.

No *Sistema de contradições econômicas*, após ter restabelecido e confirmado minha primeira definição,

---

* Extraído de *Confessions d'un Révolutionnaire...*, op. cit.

** Trata-se do livro *Système des Contradictions Économiques* ou *Philosophie de la Misère*, dois volumes, 1846, ao qual Marx responderá no ano seguinte com sua Miséria da Filosofia.

acrescento a ela outra ordem, que não podia nem destruir a primeira argumentação nem ser destruída por ela: a prosperidade é uma liberdade. A propriedade é um roubo; a prosperidade é uma liberdade: estas duas proposições são igualmente demonstradas e subsistem uma ao lado da outra no *Sistema de contradições*.

Faço a mesma operação sobre cada uma das categorias econômicas, a divisão do trabalho, a concorrência, o Estado, o crédito, a comunidade etc., mostrando alternativamente como cada uma destas ideias e, por conseguinte, como as instituições que elas engendram têm um lado positivo e um lado negativo; como elas dão lugar a uma dupla série de resultados diametralmente opostos: e sempre concluo pela necessidade de um acordo, conciliação ou síntese. A propriedade aparecia então aí, com as outras categorias econômicas, com sua razão de ser e sua razão de não ser, isto é, como elemento de duas faces do sistema econômico e social.

Assim exposto, aquilo pareceu sofístico, contraditório, acusado de equívoco e de má-fé. Vou esforçar-me por torná-la mais inteligível, retomando por exemplo a propriedade.

A propriedade, considerada no conjunto das instituições sociais, tem por assim dizer duas contas abertas: uma é a dos bens que ela obtém, e que decorrem diretamente de sua essência; a outra é a dos inconvenientes que ela produz, dos gastos que ela ocasiona e que se seguem, como os bens, também diretamente de sua natureza. O mesmo acontece com a concorrência, o monopólio, o Estado etc.

Na propriedade, como em todos os elementos econômicos, o mal ou o abuso é inseparável do bem, exatamente como na contabilidade por partidas dobradas o dever é inseparável do haver. Um engendra necessariamente o outro. Querer suprimir o abuso da propriedade é destruí-la; da mesma maneira que suprimir um artigo do débito de uma conta é destruí-lo no crédito. Tudo o que é possível fazer contra os abusos ou inconvenientes da propriedade é fundi-la, sintetizar, organizar ou equilibrar com um elemento contrário que seja frente a ela o que o credor é frente ao devedor, o acionista frente ao comanditado etc. (tal será, por exemplo, a comunidade); de tal sorte que, sem que os dois princípios se alterem ou se destruam mutuamente, o bem de um cubra o mal do outro, como num balanço, as partes, após estarem reciprocamente liquidadas, conduzem a um resultado final, que é ou perda total ou benefício total.

A solução do problema da miséria consiste então em elevar a uma expressão mais alta a ciência do contável, em preparar as escrituras da sociedade, em estabelecer o ativo e o passivo de cada instituição, tomando por contas gerais ou divisões do grande livro social não mais os termos da contabilidade ordinária, capital, caixa, mercadorias gerais, extratos e remessas etc.; mas os da filosofia da legislação e da política: concorrência e monopólio, propriedade e comunidade, cidadão e Estado, homem e Deus etc. Enfim, e para completar minha comparação, é preciso manter as escrituras em dia, isto é, determinar com exatidão os direitos e os deveres, de maneira a poder, em cada momento, constatar a ordem ou a desordem e apresentar o balanço.

Dediquei-me em dois volumes a explicar os princípios desta contabilidade que chamarei, se se deseja, transcendente; voltei cem vezes, desde Fevereiro*, a estas ideias elementares, comuns à escrituração comercial e à metafísica. Os economistas rotineiros riram-me na cara; os ideólogos políticos convidaram-me polidamente a escrever para o povo. Quanto àqueles de que tomei tão a sério os interesses, trataram-me ainda pior.

Os comunistas não me perdoam por ter feito a crítica da comunidade, como se uma nação fosse um grande polipeiro e como se ao lado do direito social não houvesse o direito individual.

Os proprietários me desejam mal de morte por haver dito que a propriedade, sozinha e por si mesma, é um roubo; como se a propriedade não tirasse todo seu valor (sua renda) da circulação dos produtos e, por conseguinte, não revelasse de um fato superior a ela, a força coletiva, a solidariedade do trabalho.

Os políticos, finalmente, qualquer que seja sua bandeira, opõem-se invencivelmente à anarquia, que eles tomam pela desordem; como se a democracia pudesse se realizar de outro modo que não pela distribuição da autoridade, e que o verdadeiro sentido da palavra democracia não fosse destituição do governo.

(...) Na sociedade, a teoria das antinomias é ao mesmo tempo a representação e a base de todo movimento. Os costumes e as instituições podem variar de povo para povo, como o ofício e as mecânicas variam de século para século, de cidade para cidade: as leis que regem suas evoluções são inflexíveis como a álgebra. Por toda a parte onde existem homens agrupados pelo trabalho; por toda a parte onde a ideia

---
* A revolução parisiense de Fevereiro de 1848.

de valor mercantil criou raiz, onde pela separação das indústrias fez-se uma circulação de valores e de produtos, aí, sob pena de perturbação, de déficit, de bancarrota da sociedade para com ela mesma, sob pena de miséria e de proletarização, as forças antinômicas da sociedade, inerentes a todo desenvolvimento da atividade coletiva como em toda razão individual, devem ser mantidas num equilíbrio constante; e o antagonismo, perpetuamente reproduzido pela oposição fundamental da sociedade e da individualidade, deve ser perpetuamente reconduzido à síntese.

Proudhon na Revolução de 1848

A Revolução de 1848 foi uma revolução política, de conteúdo social ainda hesitante e confuso. Proudhon nela se viu dilacerado. Anarquista, apolítico, corria nela o risco de ser como um corpo estranho. Mas a força das coisas fez dele um jornalista duplicado de um parlamentar: por bem ou por mal teve de se inserir nela.

Antes da explosão popular de Fevereiro ele foi nada menos que reticente. Pressentia que a monarquia estava prestes a acabar, mas não impelia de modo algum esta queda. Para os adversários de Luís Felipe, para os "pobres democratas", não tinha senão sarcasmos: "A maior felicidade que poderia acontecer ao povo francês seria que cem deputados da Oposição fossem jogados ao Sena com uma pedra no pescoço. Eles valem cem vezes menos que os conservadores porque têm mais hipocrisia do que estes". Ele chegou até a achar natural que o governo de Guizot proibisse as reuniões públicas. Como o confessará mais tarde, a aproximação da República o aterrorizava.

Sua chegada, antes de tudo, o "atordoava" e de antemão ele suporta "o luto da República e o fardo das calúnias que iriam atingir o socialismo". No entanto, rapidamente ele se conteve, aceita a Revolução. E nota, em seus Cadernos: "A vitória de hoje é a vitória da Anarquia contra a Autoridade", para logo, aliás, deixar reaparecer sua inquietação: "... ou bem é uma mistificação". "O fato acabado é de agora em diante irrevogável, é besteira olhar para trás. Eu não teria feito a Revolução de 24 de fevereiro; o instinto popular decidiu de outro modo (...) Estou com todo mundo." "Aconteça o que acontecer o povo será justificado por mim." "Vós quisestes a revolução, vós tereis a revolução."

A inquietação de Proudhon, que o desenrolar dos acontecimentos devia justificar plenamente, provinha de sua concepção libertária da revolução social. "A revolução social está seriamente comprometida se ela chega pela revolução política", notava ele desde 1845. E mais tarde: "O poder nas mãos do proletariado (...) isto será um embaraço durante tanto tempo que a revolução social não será feita". Retrospectivamente, ele confessará. "Sou o único revolucionário que não participou do ataque repentino de Fevereiro, porque eu queria uma revolução social." Entre os democratas e ele o desacordo era total. Eles eram antes de tudo homens políticos. Pretendiam continuar a tradição da Revolução de 1793, "fundar o verdadeiro socialismo pela iniciativa do governo". Proclamavam "a necessidade de impor pelo alto a Revolução, em lugar de a propor de baixo" como o queria Proudhon. E o fundador do anarquismo se manifesta com veemência: "O socialismo, pelo fato mesmo de que é um protesto contra o capital, é um protesto contra o poder. Ora, a Montanha* entendia realizar o socialismo pelo poder e, o que é pior, servir-se do socialismo para chegar ao poder".

---

* *Montagne*, o lado esquerdo da Convenção Francesa.

A revolução política iria, inevitavelmente, sob a pressão operária, colocar a questão social, que os democratas não estavam nada preparados para enfrentar. "A revolução social surgiria sem que ninguém, nem em cima nem em baixo, dela tivesse compreensão (...) A revolução, a República, o socialismo apoiados um sobre o outro, chegariam a grandes passos (...) Esta revolução que iria explodir na ordem política era o ponto de partida de uma revolução social de que ninguém conhecia o segredo."

Ninguém, exceto Proudhon. Desde 1846 ele tem uma ideia bem elaborada. É a ele que cabe lançar uma "revolução decisiva", uma "revolução econômica". Ele tem sua "solução do problema social". É a associação mútua, o que hoje se chama de autogestão. "A Revolução sou eu", nota ele orgulhosamente em seus Cadernos. *A panaceia que ele propõe é uma mistura singular de realismo e de utopia. Realismo, quando enaltece a multiplicação das associações operárias de produção, único meio de afastar, ao mesmo tempo, o capitalismo privado e a nacionalização estatal. Utopia, quando ele se persuade de que seu sistema aumentará insensível e progressivamente, que ele acabará por absorver de modo paulatino, sem expropriação violenta, toda a indústria, graças a um crédito gratuito que seria concedido às associações operárias por um "Banco do Povo", espécie de caixa mútua funcionando fora de qualquer controle do Estado.*

Mas a política arranca Proudhon de suas panaceias. Primeiramente derrotado nas eleições de abril, é eleito deputado nas eleições complementares de 4-5 de junho de 1848, por 77 mil votos. Algumas semanas antes ele havia bradado: "O sufrágio universal é a contrarrevolução". Ver-se-á mais adiante que ele confessará: "Quando penso em tudo o que escrevi, tudo o que publiquei durante dez anos sobre o papel do Estado na sociedade, sobre a subordinação do poder à incapacidade revolucionária de governo, sou levado a crer que minha eleição, em junho de 1848, foi efeito de um equívoco por parte do povo".

Quinze dias mais tarde, os operários dos subúrbios se sublevam para protestar contra a dissolução das "oficinas nacionais", espécie de centro de trabalho que havia sido improvisado com a finalidade de assimilar o desemprego. Mas Proudhon tomou seu papel de parlamentar muito a sério: "Para mim, a lembrança das jornadas de junho pesará eternamente como um remorso em meu coração... Eu faltei, por estupidez parlamentar, a meu dever de representante. Eu estava lá para ver e não vi; para dar o alarme, e não gritei!"

Mas, quando a sublevação do subúrbio Saint-Antoine é selvagemente reprimida pelas forças do general Cavaignac*, Proudhon desce à rua. Segue para a praça da Bastilha. A qualquer um que o interrogue ele responde: "Escuto o sublime horror da canhonada". Enquanto uma burguesia amedrontada solta gritos histéricos, ele exige que não se difamem os insurretos. Exalta a generosidade, a alta moralidade das classes trabalhadoras: "Combatentes de Junho (...), aqueles lá vos enganam porque vos fizeram, em nome do poder, uma promessa que o poder era incapaz de manter".

Após as jornadas de Junho, Proudhon não é mais absolutamente o mesmo homem. Fala uma linguagem

---

* General Louis-Eugène Cavaignac (1802-1857), carrasco da Algéria conquistada, e depois do proletariado parisiense em junho de 1848.

de classe. Proclama agressivamente seu socialismo. Desde a metade de julho ele entra no combate. Apodera-se da tribuna parlamentar para dela fazer um instrumento de luta social. "Orgulho ou vertigem", escreverá ele, "acreditei que minha vez havia chegado. Cabe a mim, eu me dizia, lançar-me no turbilhão. De meu banco de espectador eu me precipitei, novo ator, sobre o teatro." Apresenta um projeto de lei que, ao mesmo tempo, tende a atingir os ricos e a exonerar os pobres: imposto de um terço sobre toda renda, moratória de um terço para todo aluguel ou arrendamento. Esta proposição suscita uma indignação geral. Na comissão de Finanças, Monsieur Thiers, *porta-voz da burguesia, insulta Proudhon. Em 31 de julho este último se explica diante da assembleia em um grande discurso. Exasperado pelas interrupções e injúrias, ele se faz provocador. "Intima a propriedade por levar à liquidação social", para acrescentar: "Em caso de recusa, procederemos nós mesmos, sem vós, à liquidação". (*Violentos murmúrios.*) E continua, replicando aos que o interromperam: "Quando digo nós, eu me identifico ao proletariado, e quando digo vós, eu vos identifico com a classe burguesa".*

Um deputado – *"É a guerra social!".*

O discurso termina com estas palavras julgadas incendiárias: "O capital não reaparecerá, a sociedade tem seus olhos sobre ele". Proudhon comentará: "Eu queria dizer: a questão social está posta e vós a resolvereis ou não acabareis com ela". "Não era mais eu que falava na tribuna, eram todos os trabalhadores."

O escândalo provocado por esta investida parlamentar foi grande, o projeto de Proudhon rejeitado quase por unanimidade: 691 votos contra 2, o seu e o de um certo Greppo. Proudhon ainda comentará com inspiração: "A partir de 31 de julho eu me tornei, segundo a expressão de um jornalista, o homem-terror (...) Fui repreendido, ridicularizado, satirizado, difamado, biografado, caricaturado, censurado, ultrajado, maldito (...) Os devotos me ameaçaram, através de cartas anônimas, com a cólera de Deus; as mulheres beatas me enviaram medalhas bentas (...) Petições chegaram à Assembleia Nacional pedindo minha expulsão como indigno".

As eleições parciais de 17 de setembro de 1848 forneceram a Proudhon uma nova ocasião de tomar uma nítida posição revolucionária. Superando, uma vez mais, seu horror ao sufrágio universal, ele defendeu com seu jornal a candidatura de François-Vicent Raspail. Cientista reconhecido por seus trabalhos de botânica, de química orgânica, especializado em medicação pela cânfora, Raspail (1794-1878) tornara-se o "médico dos pobres" e havia sido perseguido, em 1846, por exercício ilegal da medicina. Em 24 de fevereiro de 1848 havia sido um dos primeiros a marchar em direção à Assembleia e aí proclamar a República. Em seguida, recusou qualquer função pública para fundar um jornal em que criticava asperamente o governo provisório. Ao lado de Augusto Blanqui, foi um dos organizadores da poderosa manifestação dos clubes populares que, em 15 de maio, invadiu o Palácio Bourbon, declarou a Assembleia dissolvida e constituiu, em seu prédio, um efêmero governo insurrecional. Na mesma tarde, com Barbès e alguns outros, Raspail foi detido e aprisionado no Forte de Vincennes.

Era portanto um prisioneiro que, por ocasião das eleições parciais, era apresentado ao sufrágio dos eleitores do Sena. Raspail foi eleito triunfalmente. "O socialismo", narrará Proudhon, "fez as eleições de 17 de setembro. Quando todos se reuniam para esmagá-lo, 70 mil homens respondiam a seu apelo para protestar contra a vitória de junho e nomeavam Raspail seu representante. É nas mesas do Peuple que o comitê eleitoral democrático tomou assento. Contra uma reação imoderada, a democracia tomava por bandeira seu órgão mais energético. (...) A questão não estava mais entre a monarquia e a democracia, mas sim entre o trabalho e o capital."

Algumas semanas mais tarde, no decorrer de um banquete, Proudhon fez um retumbante "brinde à Revolução". Acrescentava a ela resolutamente a qualificação de "socialista" à de "democrata", afirmando que, de agora em diante, era impossível "separar a República do socialismo". "Somente o povo, realizando sobre ele mesmo, sem intermediários, pode alcançar a revolução econômica fundada em Fevereiro."

Mas a insurreição de Junho e sua terrível repressão não radicalizaram somente a vanguarda, elas haviam também, e muito mais, estimulado a contrarrevolução. Exceto no Sena, as eleições parciais foram favoráveis aos conservadores, e um recém-chegado, o príncipe Luís Bonaparte, sobrinho de Napoleão, conseguiu eleger-se com 300 mil votos em cinco Departamentos. Desde então se encontrava posta sua candidatura à eleição presidencial de 10 de dezembro.

Para esta eleição, Proudhon – ainda mais uma vez – lança a candidatura de Raspail*. Seu jornal primeiramente recomendara a abstenção, depois o voto em branco em protesto. Já eram candidatos Luís Bonaparte, o general Cavaignac, carrasco de Junho, o democrata-burguês Ledru-Rollin. A democracia "pronunciava-se pela teoria governamental, não era mais socialista. (...) Era necessário, pela honra de sua oposição futura, que um protesto surgisse de seu interior".

Na vaga de reação que varria a província francesa, principalmente nos campos, a candidatura de Ledru-Rollin não tinha chance alguma. Mas, explica Proudhon, mesmo que ela "tivesse a mínima chance de sucesso e tivesse dependido de nós fazê-la abortar, teríamos feito isso". A candidatura de Raspail era uma manifestação de desconfiança em relação aos democratas-burgueses que faliram durante seu exercício do poder desde a revolução de Fevereiro.

Finalmente foi o príncipe quem ganhou a eleição, por enorme maioria. Proudhon comentará nestes termos o constrangedor resultado: "França nomeou Luís Bonaparte presidente da República porque está cansada dos partidos, porque todos os partidos estão mortos". E explicará que o horror legítimo que inspirava o general Cavaignac tinha, além disso, "precipitado para Napoleão a maior parte dos democratas". A Revolução havia dado o último suspiro.

O novo regime se apressa em aprisionar Proudhon. Teve todo o tempo, assim, para tirar mais profunda-

---

* Sobre a candidatura de Raspail, ver mais adiante, p. 105.

mente uma lição de derrota revolucionária. Em 1848 era o caso de ir senão até a anarquia, "que, como todo princípio, indica mais um ideal do que uma realidade", mas, ao menos, de se atacar a centralização estatal. Os cidadãos deviam ser "senhores de si mesmos". Devia-se restituir "aos Departamentos e às comunas a gestão de seus negócios, o poder de sua polícia, a disposição de seus fundos e de suas tropas".

Se não se realizasse este mínimo, "era uma hipocrisia falar-se em revolução". Mas os homens de 1848 "não ousaram, presos que estavam pelo preconceito geral e por este medo do desconhecido que perturba os maiores espíritos". "A questão política foi devolvida (...) à Assembleia Nacional: pôde-se prever desde então que aí seria enterrada. Lá, ficou subentendido que o povo, estando em minoria, não podia ser abandonado a seus próprios desígnios; o governamentalismo foi mantido com um acréscimo de energia." "O erro, o maior erro do governo (...) é não ter sabido destruir. Era preciso desarmar o poder", "arrancar-lhe as unhas e os dentes", "licenciar metade do exército, afastar as tropas da capital". Em vez disso o governo recrutou 24 batalhões da guarda nacional móvel, formados de voluntários. "Que se queria então fazer com todos estes soldados? Junho nos ensinaria."

Proudhon deduziria, do precedente de 1793, conclusões libertárias: "Era preciso organizar os clubes. A organização das sociedades populares era o pivô da democracia, a pedra angular da ordem republicana". "Se havia uma instituição que um poder democrático devia respeitar, e não somente respeitar, mas desenvolver, organizar, eram os clubes." "Tudo foi levado ao contrário após Fevereiro (...) Em lugar de entregar ao povo sua fecundidade de iniciativa pela subordinação do poder às suas vontades, procurava-se resolver, pelo poder, problemas sobre os quais o tempo (ainda) não tinha esclarecido as massas." "O governo provisório, desprovido do espírito das revoluções (...), perdia dias e semanas em hesitações estéreis, agitações e circulares." "O sopro da opinião empurrando-o, esforçava-se por escolher uma iniciativa qualquer. Triste iniciativa!" À parte algumas raras medidas positivas, "todo o resto não foi senão farsa, exibição, contrassenso e contra o bom senso. Dir-se-ia que o poder torna estúpidas as pessoas de espírito".

E Proudhon administra uma "surra" a estes homens que, tal como os do governo da Frente Popular de 1836, não tinham senão um pensamento: permanecer na legalidade. "Toda sua ambição (...) foi de entregar, empregados fiéis, contas justas. Perseguidos pelas lembranças de 1793, (...) não querendo nem passar por demolidores, nem usurpar a soberania nacional, eles se limitaram a manter a ordem. (...) Acreditavam faltar ao dever de seu mandato caso saíssem dos meios legais e lançassem (...) o povo na Revolução. Respondia-se que a Revolução iria desorganizar o Estado, que a democracia era a anarquia (...) Antes de recorrer a meios sumários, extralegais, contra os ricos, (...) eles colocaram a honestidade no lugar da política. (...) Foram plenos de honra e de escrúpulo, (...) escravos da legalidade, guardiães incorruptíveis do pudor democrático." Quiseram, como Colette Audry escreveu a propósito de Léon

Blum, ser "justos"*. *Eles levaram a "delicadeza até a minúcia, o respeito às pessoas, às opiniões e aos interesses até o sacrifício" deles mesmos.*

Entre os bancarroteiros de 1848, o que Proudhon mais atacava era Louis Blanc. A seus olhos, ele era o mais responsável de todos porque se considerava capaz de "socialismo". Em 17 de março de 1848, Louis Blanc foi um dos organizadores de uma primeira grande manifestação popular que reuniu mais de cem mil homens. Mas ele a impediu de tornar-se uma intimação lançada ao governo para obrigá-lo a se mostrar mais enérgico contra os sabotadores da República. Proudhon não podia perdoar a Louis Blanc esta defecção: "Mas como! Eis um homem convencido de que os homens do poder, seus colegas, são hostis ao progresso: que a Revolução está em perigo se não se consegue substituí-los; ele sabe que a ocasião é rara, que uma vez escapada não volta mais: que um único instante lhe é dado para desencadear um golpe decisivo; e, quando chega este momento, aproveita-o exatamente para reprimir aqueles que lhe trazem seus sacrifícios e seus braços!". E, para concluir sua amarga evocação, o prisioneiro deixa escapar esta frase desgostosa: "A revolução se evaporou como um álcool despejado".

Mas da Revolução de 1848 Proudhon não tirou somente esta severa crítica de seus náufragos: ela devia inspirá-lo, como se verá mais adiante, a uma vigorosa e original condenação do Estado e do poder em geral.

---

* Colette Audry, *Léon Blum ou la Politique Juste*, 1955.

Proudhon se lança ao combate*

Estourou a Revolução de Fevereiro. Eu estava muito longe, imagine-se o resto, de me lançar nesta confusão político-socialista de que De Lamartine** traduzia em prosa poética os lugares comuns da diplomacia; em que se falava de colocar em associações e em administrações sucessivamente todo o comércio, toda a indústria e logo toda a agricultura; de resgatar todas as propriedades e explorá-las administrativamente; de centralizar capitais e capacidades nas mãos do Estado; posteriormente, de levar aos povos da Europa, à frente de nossos triunfantes exércitos, este regime governamental. Acreditei mais útil prosseguir no isolamento meus laboriosos estudos, convencido de que era o único meio que tinha de servir à Revolução e, evidentemente, de que nem o governo provisório nem os neojacobinos me precederiam.

(...) Ao passo que, único de minha escola, eu aprofundava o fosso no verniz da velha economia política; enquanto P. Leroux, Villegardelle, Vidal*** e alguns outros seguiam, em direções pouco diferentes, esta sábia marcha de demolição, que faziam os órgãos da democracia? O que eles faziam? *Hélas*! Que eles me

---

* *Confessions d'un Révolutionnaire...*, op. cit.

** Alphonse de Lamartine (1790-1869), mais conhecido como poeta, mas antigo legitimista que se tornou republicano moderado, desempenhou um importante papel político no governo provisório da Revolução de Fevereiro de 1848.

*** Pierre Leroux (1797-1871), socialista de formação saint-simoniana, imprimido de religiosidade; François Villegardelle (1810-1856), primeiramente fourierista, após comunista; François Vidal (1814-1872), próximo ao mesmo tempo dos saint-simonianos e dos fourieristas, desempenhou importante papel na Comissão de Luxemburgo durante a Revolução de 1848.

permitam recordar-lhes, a fim de que os socialistas não levem sozinhos a responsabilidade das desgraças da República: eles se consagravam a suas preocupações parlamentares; afastando com obstinação, com medo de assustar seus eleitores, as questões sociais, eles preparavam a mistificação de Fevereiro; organizavam por esta negligência voluntária as oficinas nacionais; determinavam os decretos do governo provisório; e lançavam, sem o saber, os fundamentos da república honesta e moderada. *Le National*, já não o ataco mais, criticando o socialismo, contribuía para votar as fortificações de Paris; *La Réforme*, certo de suas boas intenções, agarrava-se ao sufrágio universal e ao governamentalismo de Louis Blanc. Deixava-se crescer a utopia quando era preciso arrancá-la ainda verde.

(...) Foi preciso nada menos que a experiência de Fevereiro para convencer nossos homens de Estado de que uma revolução não se para nem se improvisa.

(...) Assim a democracia consumia-se nela mesma, na perseguição deste poder que seu objetivo é precisamente aniquilar ao distribuí-lo. Todas as frações do partido caíram, uma após a outra; a Comissão executiva destituída, estávamos à disposição dos republicanos do futuro, chegávamos perto dos doutrinários. Se não se chegassse a conjurar este retrocesso, ou pelo menos a cercá-lo dentro do círculo constitucional, a República estava em perigo; mas para isso era preciso mudar de tática. Era preciso se estabelecer na oposição, lançar o poder na defensiva, ampliar o campo de batalha, simplificar, generalizando-a, a questão social; assustar o inimigo pela audácia das proposições, agir de hoje em diante sobre o povo mais que sobre seus representantes, opor sem reserva às paixões cegas da reação a ideia republicana e revolucionária de Fevereiro.

Nenhum partido se prestou realmente a esta tática; ela exigia uma individualidade resoluta, excêntrica mesmo, uma alma retemperada pela revolta e pela negação. Orgulho ou vertigem, acreditei que minha hora chegara. Cabe a mim, eu me dizia, lançar-me no turbilhão. Os democratas, seduzidos pelas lembranças de nossa gloriosa revolução, quiseram recomeçar em 1848 o drama de 1789: enquanto eles representam a comédia, esforcemo-nos por fazer a história. A República só funciona sob a guarda de Deus. Enquanto uma força cega arrasta o poder em um sentido, nós não saberíamos fazer a sociedade avançar num outro? Mudando a direção dos espíritos resultaria que o governo, continuando a fazer reação, faria então, sem dúvida, a revolução. E, de meu banco de espectador, eu me precipitava, novo ator, sobre o teatro.

Há dezoito meses meu nome fez bastante barulho para que se me perdoe encaminhar algumas explicações, algumas exclusas à minha triste celebridade. Boa ou má, tive minha parte de influência sobre os destinos de meu país; quem sabe o que esta influência, mais poderosa hoje pela própria repressão, pode ainda produzir? Importa então que meus contemporâneos saibam o que eu quis, o que eu fiz, o que eu fui. Não me vanglorio de modo algum: eu me lisonjearia somente se meus leitores ficassem convencidos, após a leitura, de que em meu feito não há nem loucura nem ódio. A única vaidade que alguma vez tive no coração foi acreditar que algum homem não agira em toda sua vida com mais premeditação, mais reflexão, mais discernimento do que eu o fiz.

Mas aprendi à minha custa que, nos próprios momentos em que eu me acreditava mais livre, não era então, na torrente de paixões políticas à qual eu pretendia dar uma direção, senão um instrumento desta imoral providência que nego, que recuso. Talvez a história de minhas meditações, inseparável da de meus atos, não será sem proveito para aqueles que, quaisquer que sejam suas opiniões, amam procurar na experiência a justificação de suas ideias.

(...) A revolução do desprezo derrubou o governo que estabelecera o princípio materialista de interesses. Esta revolução, que condena o capital, por isso mesmo inaugura e leva ao governo o trabalho. Ora, segundo o preconceito universalmente difundido, o trabalho, tornado governo, deve proceder pelas vias governamentais; em outros termos, cabe ao governo fazer de hoje em diante o que era feito sem ele e contra ele, tomar a iniciativa de desenvolver a revolução. Porque, diz o preconceito, a revolução deve vir pelo alto, pois é no alto que se encontram a inteligência e a força.

Mas a experiência atesta, e a filosofia demonstra, contrariamente ao preconceito, que toda revolução, para ser eficaz, deve ser espontânea, sair, não da cabeça do poder, mas das entranhas do povo; que o governo é mais reacionário do que progressista; que ele não saberia ter a inteligência das revoluções, já que a sociedade, única a quem pertence este segredo, não se revela de modo algum por decretos de legislatura, mas pela espontaneidade de suas manifestações; que, enfim, a única relação que existe entre o governo e o trabalho é que o trabalho, ao se organizar, tem por missão abolir o governo.

(...) No que me diz respeito, não me escondo isso, dirigi todas as minhas forças para a desorganização política, não por impaciência revolucionária, não por amor de uma vã celebridade, não por ambição, inveja ou ódio, mas pela previdência de uma reação inevitável, e, em todo caso, pela certeza em que eu estava de que, na hipótese governamental em que ela persistia em se manter, a democracia não podia realizar nada de bom. Quanto às massas, tão pobre que fosse sua inteligência, tão fraca eu descobrisse sua coragem, eu as temia menos em plena anarquia do que no escrutínio. No povo, como nas crianças, os crimes e delitos estão mais próximos à mobilidade de impressões do que da perversidade da alma; e eu achava mais fácil, para uma elite republicana, completar a educação do povo num caos político do que fazê-lo exercer sua soberania, com alguma chance de sucesso, pela via eleitoral*.

Proudhon candidato desempossado (abril de 1848**)

(...) Chegaram as eleições de abril. Tive o capricho de me candidatar. Na circular que enviei aos eleitores de Doubs, sob a data de 3 de abril de 1848, eu dizia:

"A questão social está posta: vós não escapareis dela. Para resolvê-la, é preciso homens que unam ao máximo de espírito radical o máximo de espírito

---

* Extraído de *La Révolution Sociale Démontrée par le Coup d'État du 2 Decembre*,1852.

** *Confessions d'un Révolutionnaire...*, op. cit.

conservador. Trabalhadores, estendei a mão a vossos patrões; e vós, patrões, não recusais o avanço daqueles que foram vossos assalariados.

"Que vos importa, afinal de contas, que eu tenha sido mais ou menos atingido pela sorte? É suficiente, para merecer vossa escolha, ter somente a miséria a oferecer, e vossos sufrágios não procuram um aventureiro. Entretanto, se não revelo minha calamitosa existência, quem me recomendará à vossa atenção? Quem falará por mim?"

Quando assim me exprimia, a influência da democracia ainda estava com toda sua força. Não esperei uma mudança completa da sorte para pregar, como objetivo e significação do socialismo, a reconciliação universal.

O 16 de abril reduziu minha candidatura a nada. Após este dia deplorável, não se quis mais ouvir falar de radicalismo extremo; preferiu-se comprometer tudo lançando-se no conservantismo extremo.

Candidato desempossado, publicista sem leitores, tive de me voltar para a imprensa. Disseram-me todos os dias: faça livros, isto é preferível aos jornais. Eu admito isso: mas os livros não são lidos; e, enquanto o autor da *Filosofia Positiva*, Augusto Comte, reuniu em seus cursos apenas duzentos fiéis, o *Fauborien*, o *Père Duchêne* e a *Vraie République* conduzem o país. Vós consumis dez anos de vossa vida a fazer vosso *in-octavo,* cinquenta curiosos o compram, em seguida vem o jornalista que vos joga em sua caixa, e tudo está dito. Os livros não servem mais senão ao aprendizado do jornalista: o mais alto gênero em literatura, em nosso século, é o editorial, é o folhetim.

Proudhon candidato eleito
(4 de junho de 1848*)

Passados dez anos, quando penso em tudo o que disse, que escrevi, que publiquei sobre o papel do Estado na sociedade, sobre a subordinação do poder e a incapacidade revolucionária de governo, sou tentado a acreditar que minha eleição, em junho de 1848, foi o efeito de um equívoco por parte do povo. Estas ideias começaram em mim desde a época de minhas primeiras meditações; são contemporâneas de minha vocação para o socialismo. O estudo e a experiência as desenvolveram; elas me dirigiram constantemente em meus estudos e em minha conduta; elas inspiraram todos os atos que vou justificar: é estranho que, após a garantia que elas apresentam, e que é a maior que um inovador possa oferecer, eu tenha podido parecer um único momento, à sociedade que tomo por juiz e ao poder que eu não quero, um agitador terrível.

Após a insurreição operária de junho de 1848

O mea culpa *de Proudhon***

(...) Esta insurreição é em si mais terrível do que todas aquelas que tiveram lugar em sessenta anos. (...) Thiers foi visto aconselhando o emprego do canhão para acabá-la. Massacres atrozes por parte da guarda móvel, do exército, da guarda nacional ocorreram. (...)

---

* Idem, op. cit.

** *Carnets de Proudhon*, vol. III, 1968, p. 68; *Confessions d'un Révolutionnaire...*, op. cit.

Os insurretos mostraram uma coragem indômita. (...) O terror reina na capital. (...) Fuzila-se na Conciergerie, na Câmara Municipal, 48 horas após a vitória*; fuzilam-se os prisioneiros, feridos, desarmados. (...) Propagam-se as calúnias atrozes sobre os insurretos a fim de provocar a vingança contra eles.

(...) Eu, após as jornadas de Junho, nada protestei contra o abuso que ignorantes puderam fazer de alguns de meus aforismos e reneguei minhas inclinações populares; não ataquei o leão moribundo. Mas não esperei pelas jornadas de Junho para atacar as tendências governamentais e manifestar seus sentimentos de inteligente conservação. Sempre tive, terei eternamente, o poder contra mim: é esta a tática de um ambicioso e de um covarde? Em outro lugar, fazendo o balanço do poder, eu provava que uma democracia governamental não é senão uma monarquia rediviva.

(...) Para mim, a lembrança das jornadas de Junho pesará eternamente como um remorso sobre meu coração. Eu o confesso com dor; até 25 eu nada previ, nada conheci, nada descobri. Eleito há quinze dias representante do povo, entrara na Assembleia Nacional com a timidez de uma criança, com o ardor de um neófito. Assíduo, desde nove horas, às reuniões das comissões e dos comitês, só deixava a Assembleia à noite, extenuado de fadiga e de desgosto. Desde que coloquei os pés sobre o Sinai parlamentar deixei de estar em relação com as massas; à força de me absorver em meus trabalhos legislativos, perdi inteiramente de vista a marcha das coisas. Não sabia nada, nem da situação das oficinas nacionais, nem da política do governo, nem das intrigas que se cruzavam no seio da Assembleia. É preciso ter vivido neste isolador que se chama uma Assembleia

---

* Proudhon quer dizer, bem entendido, a vitória das forças governamentais.

Nacional para conceber como os homens que ignoram mais completamente o estado de um país são quase sempre aqueles que o representam.

Eu me havia posto a ler tudo o que a comissão de distribuição remete aos representantes: proposições, relatórios, brochuras, até o *Moniteur* e o *Bulletin des Lois*. A maior parte de meus colegas da esquerda e da extrema-esquerda estavam na mesma perplexidade de espírito, na mesma ignorância dos fatos cotidianos. Não se falava de oficinas nacionais senão com uma espécie de pavor; porque o medo do povo é o mal de todos aqueles que pertencem à autoridade; o povo, para o poder, é o inimigo. Cada dia, nós votávamos novos subsídios para as oficinas nacionais, perturbados com a incapacidade do poder e com nossa impotência.

Desastrosa aprendizagem! O efeito desta confusão representativa em que era preciso viver foi que não tive compreensão de nada; que no dia 23, quando Flocon declarou em plena tribuna que o movimento era dirigido por facções políticas e a soldo do estrangeiro, deixei-me apanhar nesta mentira ministerial; e que a 24 eu ainda perguntei se a insurreição tinha realmente por motivo a dissolução das oficinas nacionais! Não, Senhor Senard, não fui um covarde em Junho, como vós me atirastes o insulto na frente da Assembleia; eu fui, como vós e como tantos outros, um imbecil. Faltei, por estupidez parlamentar, a meu dever de representante. Eu estava lá para ver e não vi; para dar o alarme, e não gritei. Fiz como o cão que não late na presença do inimigo. Eu não devia, eu, eleito da plebe, jornalista do proletariado, deixar esta massa sem direção e sem conselho; cem mil homens arregimentados mereciam que eu me ocupasse deles. Isto teria valido mais do que me apoquentar em vossas mesas. Desde então fiz o que pude para reparar meu erro irreparável.

Manifesto eleitoral do povo*

O Manifesto a seguir é uma das obras mais características de Proudhon. Encontra-se nela ao mesmo tempo uma presciência genial da autogestão contemporânea, uma concepção "mutualista", um tanto utópica e pequeno-burguesa, certamente, da reorganização social, o cuidado um tanto aberrante de preservar a pequena propriedade e, opondo-se a taxá-la, de já não mais taxar a grande, e finalmente uma atitude socialista revolucionária sobre a participação num escrutínio presidencial que, para Proudhon, não é mais que uma "miserável questão" e pura e simplesmente uma ocasião de expor seu programa.

O comitê eleitoral central, composto dos delegados das quatorze circunscrições do Sena, a fim de preparar a eleição do presidente da República, acaba de determinar suas operações.

O cidadão Raspail, representante do povo, foi designado por unanimidade como candidato do Partido Republicano Democrático Social.

O comitê central publicará incessantemente sua circular aos eleitores.

Para nós, que aderimos com ânimo e coragem a esta candidatura, que, nesta circunstância, julgamos necessário, para a dignidade de nossas opiniões, separar-nos de outras frações menos avançadas da democracia, acreditamos dever estabelecer aqui quais

---

* *Journal du Peuple*, 8-15 de novembro de 1848.

são nossos princípios; esta será a melhor maneira de justificar nossa conduta.

Nossos princípios!

Sempre os homens que recorreram ao sufrágio popular para chegar ao poder enganaram as massas pelas pretensas declarações de princípios que, no fundo, não foram nada mais que declarações de promessas!

Sempre os ambiciosos e os intrigantes prometeram ao povo, em frases mais ou menos sonoras:

A liberdade, a igualdade, a fraternidade;

O trabalho, a família, a propriedade, o progresso;

O crédito, a instrução, a associação, a ordem e a paz;

A participação no governo, a distribuição equitativa do imposto, a administração honesta e barata, a justiça justa, a igualdade progressiva das fortunas, a libertação do proletariado, a extinção da miséria!

Prometeram tanto que, após eles, é preciso confessá-lo, não resta nada a prometer.

Mas também, o que eles cumpriram? É ao povo que cabe responder: nada!

Os verdadeiros amigos do povo devem mudar de comportamento de hoje em diante. O que o povo espera de seus candidatos, o que lhes exige, não são mais promessas, são os meios.

É sobre os meios que propõem que é preciso julgar os homens; é assim que exigimos que se nos julguem.

Democratas-socialistas, não somos, para dizer a verdade, de nenhuma seita, de nenhuma escola. Ou melhor, se fosse preciso classificar-nos a nós mesmos, diríamos que somos da escola crítica.

O socialismo não é de modo algum para nós um sistema; é simplesmente um protesto. Entretanto, acreditamos que nos trabalhos socialistas destaca-se um conjunto de princípios e de ideias opostos à rotina econômica e que foram aceitos na fé popular; e é por isso que nós nos dizemos socialistas. Fazer profissão de socialismo e nada aceitar do socialismo, como o fazem os mais espertos, seria zombar do povo e abusar de sua credulidade.

Não é tudo ser republicano; não é tudo reconhecer que a República deve se cercar de instituições sociais; não é tudo escrever sobre sua bandeira: *República democrática e social*; é preciso marcar claramente a diferença da antiga sociedade com a nova; é preciso dizer o que produziu de positivo o socialismo; em que e por que a Revolução de Fevereiro, que é sua expressão, é uma revolução social.

Estabeleçamos antes o dogma fundamental, o dogma puro do socialismo.

O socialismo tem por objetivo a libertação do proletariado e a extinção da miséria, quer dizer, a igualdade efetiva das condições entre os homens. Sem igualdade sempre haverá miséria, sempre haverá proletariado.

O socialismo, igualitário antes de tudo, é então a fórmula democrática por excelência. Se políticos menos sinceros experimentam alguma repugnância em confessá-lo, respeitamos sua reserva; mas, é preciso que eles o saibam, a nossos olhos não são absolutamente democratas.

Ora, qual é a causa da desigualdade?

Esta causa, segundo nós, foi tornada pública por todas as críticas socialistas que se sucederam, notadamente depois de Jean-Jacques (Rousseau); esta causa é a realização na sociedade desta tripla abstração: capital, trabalho, talento.

É porque a sociedade se dividiu em três categorias de cidadãos correspondentes aos três termos desta fórmula; quer dizer, porque se fez nela uma classe de capitalistas ou proprietários, uma outra classe de trabalhadores e uma terceira classe de capacidades, é que constantemente se chegou nela à distinção de castas e que a metade do gênero humano foi escrava da outra metade.

Por toda a parte em que se pretendeu de fato, organicamente, estas três coisas, o capital, o trabalho e o talento, o trabalhador foi escravizado: ele se chamou alternativamente escravo, servo, pária, plebeu, proletário; o capitalista foi explorador: nomeia-se ora patrício ou nobre, ora proprietário ou burguês; o homem de talento foi um parasita, um agente de corrupção e servidão: este foi primeiro o sacerdote, mais tarde o clérigo, hoje o funcionário público, qualquer gênero de capacidade e de monopólio.

O dogma fundamental do socialista consiste então em transformar a fórmula aristocrática: capital-trabalho-talento nesta simples: trabalho! – em fazer, por conseguinte, que todo cidadão seja ao mesmo tempo, com idêntico valor e num mesmo grau, capitalista, trabalhador e sábio ou artista.

O produtor e o consumidor, na realidade das coisas, como na ciência econômica, é sempre o mesmo personagem, considerado somente de dois pontos de vista diferentes. Por que este não seria da mesma maneira capitalista e trabalhador? Trabalhador e artista? Separai estas qualidades na organização social e vós criais fatalmente castas, a desigualdade, a miséria; uni-as, ao contrário, em cada indivíduo, e vós tendes a igualdade, tendes a República. É assim ainda que na ordem política devem se apagar um dia todas estas distinções de governantes e governados, administradores e administrados, funcionários públicos e contribuintes etc. É necessário, para o desenvolvimento da ideia social, que cada cidadão seja tudo; porque, se não é tudo, ele não é livre; sofre opressão e exploração em algum aspecto.

Qual é então o meio de operar esta grande fusão?

O meio é indicado pelo próprio mal. E, em primeiro lugar, esforcemo-nos para ainda melhor definir, se é possível, o mal.

Visto que o proletariado e a miséria têm por causa orgânica a divisão da sociedade em duas classes: uma que trabalha e não possui; a outra que possui e não trabalha, que, por conseguinte, consome sem produzir; segue-se que o mal de que sofre a sociedade consiste nesta ficção singular de que o capital é, por ele mesmo, produtivo; enquanto o trabalho, por ele mesmo, não o é. Com efeito, para que as condições fossem iguais, nesta hipótese da separação do trabalho e do capital, seria preciso que, como o capitalista se desenvolve através de seu capital, sem trabalhar, também o trabalhador pudesse se desenvolver através de seu trabalho, sem capital. Ora, não é o que acontece. Portanto, a igualdade, a liberdade, a fraternidade são impossíveis no regime atual; portanto a miséria e o proletariado são a consequência fatal da presente organização da propriedade.

Todo aquele que o sabe, e não o confessa, mente igualmente à burguesia e ao proletariado.

Todo aquele que solicita os sufrágios do povo e o dissimula não é nem socialista nem democrata.

Nós o repetimos:

A produtividade do capital, aquela que o cristianismo condenou sob o nome de usura, tal é a verdadeira causa da miséria, a verdadeira origem do proletariado, o eterno obstáculo ao estabelecimento da República. Nada de equívoco, nada de confusão, nada de subterfúgio! Que aqueles que se dizem democrata-socialistas assinem conosco esta profissão de fé; com este sinal, mas somente com este sinal, nós reconhecemos neles irmãos, verdadeiros amigos do povo, nós subscreveremos todos os seus atos.

E agora, o meio de extirpar o mal, de fazer cessar a usura, qual é? Será atacar o lucro francamente, apoderarmo-nos da renda? Será, ao professar o maior respeito pela propriedade, roubá-la através do imposto, na medida em que ela é adquirida pelo trabalho e consagrada pela lei?

É aqui sobretudo que os verdadeiros amigos do povo se distinguem daqueles que não querem senão comandar o povo; é aqui que se separam de seus pérfidos imitadores.

O meio de destruir a usura não é, mais uma vez, confiscar a usura; é opor princípio a princípio, isto é, numa palavra, organizar o crédito.

Organizar o crédito, para o socialismo, não é emprestar a juros, visto que isto sempre seria reconhecer a soberania do capital; é organizar a solidariedade dos trabalhadores entre eles, é criar sua garantia mútua, segundo este princípio de economia vulgar de que tudo que tem um valor de troca pode ser um objeto de troca, pode, por conseguinte, dar matéria a crédito.

Do mesmo modo que o banqueiro empresta seu dinheiro ao negociante que lhe paga isso em juros:

O proprietário fundiário empresta sua terra ao camponês que lhe paga um arrendamento;

O proprietário de imóvel empresta um alojamento ao locatário que lhe paga isso em aluguel;

O comerciante empresta sua mercadoria à freguesia que compra à prestação;

Da mesma maneira o trabalhador empresta seu trabalho ao patrão que lhe paga no fim do mês ou no fim da semana. Todos quantos somos, nós emprestamos reciprocamente alguma coisa: não se diz vender a crédito, trabalhar a crédito, beber a crédito?

Portanto, o trabalho pode dar crédito dele mesmo, ele pode ser credor como o capital.

Portanto, ainda, dois ou mais trabalhadores podem emprestar entre si seus produtos e, se eles se combinam por operações contínuas deste gênero, organizarão entre eles o crédito.

Eis o que compreenderam admiravelmente as associações operárias que, espontaneamente, sem comandita, sem capitais, se formam em Paris e Lyon, e somente por isto elas se colocam em relação umas com as outras, elas se emprestam, organizam, como se diz, o trabalho. De modo que, organização do crédito, organização do trabalho, associação, é uma única e mesma coisa. Não é uma escola, não é um teórico que diz isto; é o fato atual, o fato revolucionário que o demonstra.

Desta maneira a aplicação de um princípio conduz o povo à descoberta de um outro, uma solução obtida conduz sempre a uma outra solução. Se portanto acontecesse que os trabalhadores se combinassem em todas as partes da República e se organizassem da mesma maneira, é evidente que, senhores do trabalho e produzindo incessantemente, pelo trabalho, novos capitais, logo teriam reconquistado, por sua organização e sua concorrência, o capital alienado; atrairiam a eles, principalmente, a pequena propriedade, o pequeno comércio e a pequena indústria; depois a grande propriedade e as grandes empresas; depois as explorações mais vastas, as minas, os canais, as estradas de ferro; eles se tornariam os senhores de tudo pela adesão sucessiva dos produtores e a liquidação das propriedades, sem espoliação nem saque dos proprietários.

(...) Tal é a obra começada espontaneamente sob nossos olhos pelo povo, obra que ele continua com energia admirável, através de todas as dificuldades da questão e das mais horríveis privações. E, não convém se cansar de dizê-lo, não são os fundadores de escola que começaram este movimento, não é o Estado que deu o primeiro impulso, é o povo. Nós não somos aqui senão seus intérpretes. Nossa fé, a fé democrática e social, já não é mais uma utopia, é uma realidade. Não é de modo nenhum nossa doutrina que pregamos; são as ideias populares que tomamos por tema de nossos desenvolvimentos. Aquelas não são os nossos que desconhecem, que nos falam de associação e de República e que não ousam confessar para seus irmãos os verdadeiros socialistas, os verdadeiros republicanos.

Devotados há dez anos a esta ideia, nós não esperamos o triunfo do povo para nos alinharmos com ele.

(...) Que o governo, que a Assembleia Nacional, que a própria burguesia nos protejam e nos ajudem no cumprimento de nossa obra, seremos gratos por isso. Mas que não se procure mais distrair-nos daquilo que vemos como os verdadeiros interesses do povo; que não se tente nos iludir com inúteis aparências de reforma. Estamos bastante esclarecidos para sermos novamente ingênuos, sabemos melhor como vai o mundo do que os políticos que nos honram com suas advertências.

Nós estimaríamos muito que o Estado, através de contribuições tomadas sobre o orçamento, contribuísse para a emancipação dos trabalhadores; não veríamos senão com desconfiança o que se chama organização do crédito pelo Estado, e que não é, segundo nós, senão a última forma de exploração do homem pelo homem. Nós rejeitamos o crédito do Estado porque o Estado, endividado em oito bilhões, não possui um centavo do qual possa dar crédito; porque sua procuração repousa somente sobre um papel de valor fixo; porque o valor fixo leva fatalmente à depreciação e porque a depreciação sempre atinge o trabalhador de preferência ao proprietário; porque nós, produtores associados ou em via de associação, nós não temos necessidade nem do Estado nem de valor fixo para organizar nossas trocas; porque, enfim, o crédito pelo Estado é sempre o crédito pelo capital, não o crédito pelo trabalho, sempre a monarquia, não a democracia.

No sistema que nos é proposto* e que nós rejeitamos com toda a energia de nossas convicções, o Estado, para dar crédito, deve antes de tudo se prover de capitais. Estes capitais, é preciso que ele os exija à propriedade, pela via do imposto. É portanto voltar

---

* O de Louis Blanc.

sempre ao princípio, enquanto se trata de destruí-lo; é transferir a riqueza, enquanto seria preciso criá-la; é afastar a propriedade após tê-la proclamado, pela Constituição, inviolável.

Que outros, com ideias menos avançadas e menos suspeitas, de moral meticulosa, apóiem tais ideias, não acusaremos de modo algum sua tática. Quanto a nós, que não fazemos de maneira alguma guerra aos ricos mas aos princípios; nós, que a contrarrevolução não cessa de caluniar, nós devemos ser mais rigorosos. Nós somos socialistas, nós não somos espoliadores.

Não queremos imposto progressivo porque o imposto progressivo é a consagração do produto líquido, e nós queremos abolir, pela associação, o produto líquido; porque, se o imposto progressivo não retira ao rico a totalidade de sua renda, não é senão uma concessão feita ao proletariado, uma espécie de resgate do direito de usura, numa palavra, uma decepção, e porque, se retira toda a renda, é o confisco da propriedade, a expropriação sem indenização prévia e sem utilidade pública.

Que aqueles, portanto, que se dizem antes de tudo homens políticos invoquem o imposto progressivo como uma represália em relação à propriedade, como um castigo ao egoísmo burguês; nós respeitamos suas intenções e, se jamais lhes for dado aplicar seus princípios, deixaremos livre trânsito à justiça de Deus. Para nós, representantes daqueles que tudo perderam no regime do capital, o imposto progressivo, precisamente porque é uma restituição forçada, nos é interdito; nós jamais proporemos isso ao povo. Nós somos socialistas, homens de reconciliação e de progresso; nós não exigimos nem reação nem lei agrária.

Nós não queremos o imposto sobre as rendas do Estado porque este imposto é, como o imposto progressivo, em relação aos capitalistas, somente um confisco e, em relação ao povo, somente uma transação, um logro. Nós acreditamos que o Estado tem o direito de resgatar suas dívidas, por conseguinte, de emprestar a juros mais baixos; não pensamos que lhe seja permitido, sob pretexto de imposto, faltar a seus compromissos. Nós somos socialistas, nós não somos bancarroteiros.

Nós não queremos o imposto sobre as heranças porque este imposto não é também senão uma retirada da propriedade, e que, sendo a propriedade um direito constitucional reconhecido por toda a gente, é preciso nela respeitar o voto da maioria; porque isto seria um ataque à família; porque não temos que produzir, para emancipar o proletariado, esta nova hipocrisia. A transmissão de bens, sob a lei da associação, não se aplicando de modo algum aos instrumentos de trabalho, não pode tornar-se uma causa de desigualdade. Deixai portanto a fortuna ir do proprietário morto ao seu parente mais distante, frequentemente o mais pobre. Nós somos socialistas, nós não somos captores de heranças.

Nós não queremos o imposto sobre os objetos de luxo porque isto seria aniquilar as indústrias de luxo; porque os produtos de luxo são a própria expressão do progresso; porque, sob o império do trabalho e com a subordinação do capital, o luxo deve ser acessível a todos os cidadãos, sem exceção. Por que, após haver encorajado a propriedade, nós puniríamos de seu gozo os proprietários? Nós somos socialistas, nós não somos invejosos.

(...) Nós não queremos a expropriação pelo Estado das minas, canais e estradas de ferro: sempre é a monarquia, sempre o salariado. Nós queremos que as minas, os canais e as estradas de ferro sejam entregues às associações operárias, organizadas democraticamente, trabalhando sob a fiscalização do Estado, nas condições estabelecidas pelo Estado, e sob sua própria responsabilidade. Nós queremos que estas associações sejam modelos propostos à agricultura, à indústria e ao comércio, o primeiro núcleo desta vasta federação de companhias e sociedades, reunidas pelo laço comum da República democrática e social.

Nós não queremos tanto o governo do homem pelo homem como a exploração do homem pelo homem; aqueles que pegam tão depressa a fórmula socialista refletiram sobre isso?

Nós queremos a economia nos gastos do Estado, assim como queremos a fusão completa, no trabalhador, dos direitos do homem e do cidadão, dos atributos do capital e do talento. É por isso que nós exigimos certas coisas que o socialismo indica, e que os homens que se pretendem mais especialmente políticos não compreendem.

A política tende a especializar e multiplicar indefinidamente os empregos; o socialismo tende a fundi-los uns nos outros.

Assim, nós acreditamos que a quase totalidade de obras públicas pode e deve ser executada pelo exército; que esta participação nas obras públicas é o primeiro tributo que a juventude republicana deve pagar à pátria; que em consequência o orçamento da guerra e o das obras públicas é um gasto inútil. É uma economia de mais de cem milhões; a política não se preocupa com isso.

Fala-se de ensino profissional. Nós acreditamos que a escola da agricultura é a agricultura; a escola das artes, profissões e manufaturas é a oficina; a escola do comércio é o balcão; a escola das minas é a mina; a escola da navegação é o navio; a escola da administração é a administração etc.

O aprendiz é tão necessário ao trabalho quanto o operário: por que colocá-lo à parte numa escola? Nós queremos a mesma educação para todos: de que servem estas escolas que, para o povo, não são senão escolas de aristocratas e para nossas finanças um gasto inútil? Organizai a associação e, imediatamente, toda oficina tornando-se escola, todo trabalhador é mestre, todo estudante aprendiz. Homens de elite se produzem tão bem ou melhor na obra como na sala de estudo.

A mesma coisa no governo.

Não é suficiente dizer que se é contra a presidência se não se abolem os ministérios, eterno objeto da ambição política. Cabe à Assembleia Nacional exercer, pela organização de seus comitês, o poder executivo, como ela exerce por suas deliberações em comum e seus votos o poder legislativo. Os ministros, subsecretários de Estado, chefes de divisão etc., são uma repetição inútil dos representantes, cuja vida desocupada, dissipada, entregue à intriga e à ambição, é uma causa incessante de embaraço para a administração, de más leis para a sociedade, de despesas estéreis para o Estado.

Que nossos jovens sócios o metam na cabeça: o socialismo é o contrário do governamentalismo. Isto é tão velho para nós quanto o preceito: *Entre senhor e escravo nada de sociedade.*

Nós queremos, ao lado do sufrágio universal, e como consequência deste sufrágio, a aplicação do mandato imperativo. Os políticos se revoltam com isso! O que quer dizer que a seus olhos o povo, elegendo representantes, não se dá de modo algum mandatários, ele aliena sua soberania! Com certeza isto não é socialismo, isto não é nem mesmo a democracia.

Nós queremos a liberdade ilimitada do homem e do cidadão, salvo o respeito à liberdade do outro:

Liberdade de associação;

Liberdade de reunião;

Liberdade de culto;

Liberdade de imprensa;

Liberdade de pensamento e de palavra;

Liberdade de trabalho, de comércio e de indústria;

Liberdade de ensino.

Numa palavra, liberdade absoluta.

Ora, entre estas liberdades há sempre alguma que a velha política não admite, o que acarreta a ruína de todas! Nos dirão um momento: mas quer-se a liberdade com exceção ou sem exceção?

Nós queremos a família: onde estão aqueles que a respeitam mais que nós? Mas nós não tomamos a família como modelo da sociedade. Os defensores da monarquia nos ensinaram que era à imagem da família que as monarquias eram constituídas. A família é o elemento patriarcal ou dinástico, o rudimento da realeza; o modelo da sociedade civil é a sociedade fraternal.

Nós queremos a propriedade, mas colocada em seus justos limites, quer dizer, à livre disposição dos frutos do trabalho, a propriedade menos a usura! Nós não temos necessidade de dizer isso mais. Aqueles que nos conhecem nos entendem.

Tal é, em substância, nossa profissão de fé.

Era importante, sem dúvida, saber, de um lado, se o povo devia se abster ou votar; em segundo lugar, sob que bandeira se faria a eleição, sob que profissão de fé.

(...) O comitê eleitoral central decidiu, por unanimidade, apresentar como candidato o cidadão Raspail.

Raspail, o eleito de 66 mil votos parisienses e 35 mil lyoneses;

Raspail, o democrata-socialista;

Raspail, o implacável denunciador das mistificações políticas;

Raspail, cujos trabalhos na arte de curar o colocaram ao lado dos benfeitores da humanidade*.

Aderindo a esta candidatura, não tencionamos de modo algum, como escreveu em algum lugar o honorável Senhor Ledur Rollin, dar eventualmente à República um chefe; longe disso, nós admitimos Raspail como protesto vivo contra o princípio da Presidência! Nós o apresentamos ao sufrágio do povo não porque ele é ou se crê possível, mas porque ele é impossível: porque com ele a Presidência, imagem da realeza, será impossível.

Nós não mais tencionamos, ao convocar os votos para Raspail, lançar à burguesia, que teme este grande cidadão, um desafio. O que nós buscamos antes de tudo é a reconciliação, a paz.

---

* Cf. *François-Vicent Raspail*, Jerôme Martineau, Paris, 1968.

Nós somos socialistas, nós não somos desordeiros.

Nós apoiamos a candidatura de Raspail a fim de exprimir mais fortemente aos olhos do país esta ideia de que, de hoje em diante, sob a bandeira da República, não há mais senão dois partidos na França, o partido do trabalho e o partido do capital.

DO PRINCÍPIO DE AUTORIDADE*

Eis como, passada a tempestade revolucionária de 1848, Proudhon dela tira as lições: uma condenação sem apelo do Estado e do poder.

O PRECONCEITO GOVERNAMENTAL**

A forma sob a qual os primeiros homens conceberam a ordem na sociedade é a forma patriarcal ou hierárquica, isto é, em princípio, a autoridade, na prática, o governo. A justiça, que mais tarde foi diferenciada em distributiva e comutativa, não lhes apareceu de início senão sob a primeira face: um superior representante para os inferiores o que pertence a todos.

A ideia governamental nasceu portanto de costumes de família e da experiência doméstica: nenhuma revolta se produziu então, o governo parecendo tão natural à sociedade quanto a subordinação entre o pai e seus filhos. Eis por que o filósofo reacionário De Bonald pôde dizer, com razão, que a família é o embrião do Estado, de que ela reproduz as categorias essenciais: o rei no pai, o ministro na mãe, o súdito no filho. É por isso também que os socialistas fraternitários, que tomam a família por elemento da sociedade, chegam todos à ditadura, a forma mais exagerada de governo. A administração de Cabet, em seus Estados

---

* Extraído de *Idée Générale de la Révolution au XIX ème Siècle*, 1851.

** Os subtítulos são nossos.

de Navoo*, é um belo exemplo disso. Quanto tempo ainda nos será necessário para compreender este parentesco de ideias? A concepção primitiva da ordem pelo governo pertence a todos os povos; e se, desde a origem, os esforços que foram feitos para organizar, limitar, modificar a ação do poder, apropriá-lo às necessidades gerais e às circunstâncias demonstrem que a negação estava implicada na afirmação, é certo que nenhuma hipótese rival foi formulada; o espírito permaneceu o mesmo por toda a parte. À medida que as nações saíram do estado selvagem e bárbaro, viram-se-as imediatamente se engajar na via governamental, percorrer um círculo de instituições sempre idênticas e que todos os historiadores e publicistas colocam sob estas categorias, sucedâneas umas das outras, monarquia, aristocracia, democracia.

Mas eis o que é mais grave.

O preconceito governamental, ao penetrar no mais profundo das consciências, ao marcar a razão com sua forma, tornou impossível qualquer outra concepção durante muito tempo, e os mais ousados entre os pensadores chegaram a dizer que o governo era um flagelo, sem dúvida, um castigo para a humanidade, mas que era um mal necessário.

Eis por que, até nossos dias, as revoluções mais emancipadoras e todas as efervescências da liberdade conduziram constantemente a um ato de fé e de submissão ao poder; porque todas as revoluções só serviram para reconstruir a tirania; não excluo disso a Constituição de 93 nem a de 1846, as duas expressões mais avançadas, entretanto, da democracia francesa.

---

* Comunidades que o comunista francês Etiènne Cabet (1788-1856), autor de *Voyage en Icarie*, tentou fundar nos Estados Unidos.

O que manteve esta predisposição mental e tornou a fascinação durante tanto tempo invencível é que, em consequência da analogia suposta entre a sociedade e a família, o governo sempre se apresentou aos espíritos como o órgão natural da justiça, o protetor do fraco, o conservador da paz. Por esta atribuição de providências e de alta garantia, o governo se enraizou tanto nos corações como nas inteligências. Ele fazia parte da alma universal; ele era a fé, a superstição íntima, invencível, dos cidadãos. Se acontecesse dele enfraquecer, dizia-se dele, assim como da religião e da propriedade: não é a instituição que é má, é o abuso. Não é o rei que é ruim, são os ministros. "*Ah! Se o rei soubesse!*"

Assim, ao elemento hierárquico e absolutista de uma autoridade governante acrescentava-se um ideal falando à alma e conspirando incessantemente contra o instinto de igualdade e de independência: enquanto o povo, em cada revolução, acreditava reformar, seguindo as inspirações de seu coração, os vícios de seu governo, era traído por suas próprias ideias; acreditando colocar o poder dentro de seus interesses, tinha-o sempre, na realidade, contra si; em lugar de um protetor, tornava-se um tirano.

A experiência mostra, com efeito, que por toda parte o governo, por mais popular que ele tenha sido em sua origem, sempre se colocou do lado da classe mais esclarecida e mais rica contra a mais pobre e a mais numerosa; que após ter-se mostrado algum tempo liberal, tornou-se pouco a pouco excepcional, exclusivo; enfim, que, em lugar de manter a liberdade e a igualdade entre todos, trabalhou obstinadamente para destruí-las, em virtude da sua natural inclinação ao privilégio.

(...) A negação governamental, que está no fundo da utopia de Morelly*; que lançou uma luz, imediatamente apagada, através das manifestações sinistras do enraivecidos e dos hebertistas; que sairia das doutrinas de Babeuf, se Babeuf soubesse racionar e deduzir seu próprio princípio: esta grande e decisiva negação atravessou, incompreendida, todo o século XVIII.

Mas uma ideia não pode morrer: ela renasce sempre de sua contraditória. (...) Desta plenitude da evolução política surgirá, finalmente, a hipótese oposta; o governo, destruindo-se sozinho, produzirá, como seu postulado histórico, o socialismo.

Foi Saint-Simon** quem primeiro, numa linguagem tímida e com uma consciência ainda obscura, retomou o filão:

"A espécie humana", escrevia ele desde o ano de 1818, "foi chamada a viver primeiramente sob o regime governamental e feudal;

"Ela foi destinada a passar do regime governamental ou militar ao regime administrativo ou industrial, após fazer suficiente progresso nas ciências positivas e na indústria;

"Enfim, ela foi obrigada por sua organização a suportar uma longa e violenta crise, por ocasião de sua passagem do sistema militar ao sistema pacífico;

"A época atual é uma época de transição;

"A crise de transição foi iniciada pela pregação de Lutero: desde esta época a direção dos espíritos foi essencialmente crítica e revolucionária."

---

* Autor do *Code de la Nature*, 1755.

** Henri de Saint-Simon (1760-1825), fundador do socialismo "utópico", dito saint-simoniano.

(...) Todo Saint-Simon está nestas poucas linhas, escritas no estilo dos profetas, mas de uma digestão muito rude para a época em que elas foram escritas, com um sentido muito condensado para os jovens espíritos que se ligaram desde o início ao nobre inovador.

(...) O que quis dizer Saint-Simon?

Desde o momento em que, de um lado, a filosofia sucede à fé e substitui a antiga noção de governo pela de contrato; em que, de outro lado, em consequência de uma revolução que aboliu o sistema feudal, a sociedade exige se desenvolver, harmonizar suas potências econômicas; desde este momento torna-se inevitável que o governo, negado em teoria, se destrua progressivamente na prática. E quando Saint-Simon, para designar esta nova ordem de coisas, conformando-se ao velho estilo, emprega a palavra governo ligada ao qualificativo administrativo ou industrial, é evidente que esta palavra adquire sob sua pena uma significação metafórica, ou melhor, analógica, que não podia iludir senão os profanos. Como se enganar sobre o pensamento de Saint-Simon lendo-se a passagem, mais explícita ainda, que vou citar:

"Se se observa a evolução que a educação dos indivíduos segue, nota-se, nas escolas primárias, a ação de governar como sendo a mais forte; e nas escolas, de um nível mais elevado, vê-se a ação de governar as crianças diminuir sempre de intensidade, enquanto o ensino representa um papel cada vez mais importante. Aconteceu o mesmo para a educação da sociedade. A ação militar, isto é, feudal (governamental), teve de ser mais forte em sua origem; ela sempre teve necessidade de granjear importância; e o poder administrativo deve necessariamente acabar por dominar o poder militar".

A estes extratos de Saint-Simon seria necessário acrescentar sua famosa *Parabole*, que caiu, em 1819, como um machado sobre o mundo oficial, e pela qual o autor compareceu ao Supremo Tribunal de Justiça a 20 de fevereiro de 1820 e foi absolvido. A extensão deste fragmento, aliás bastante conhecido, não nos permite citá-lo.

A negação de Saint-Simon, como se vê, não é deduzida da ideia de contrato, que Rousseau e seus seguidores há oitenta anos corromperam e desonraram; ela decorre de uma outra intuição, totalmente experimental e, *a posteriori*, tal como ela podia convir a um observador dos fatos. O que a teoria do contrato, inspiração da lógica providencial, desde o tempo de Jurieu*, teria deixado entrever no futuro da sociedade, a saber o fim dos governos, Saint-Simon, aparecendo no auge da confusão parlamentar, o constata a partir da lei de evolução da humanidade. Assim, a teoria do direito e a filosofia da história, como duas balizas plantadas uma frente à outra, conduziam o espírito para uma revolução desconhecida: um passo a mais e nós chegamos ao êxito.

(...) O século XVIII, creio tê-lo estabelecido superabundantemente, se não tivesse sido desencaminhado pelo republicanismo clássico, retrospectivo e declamatório de Rousseau, chegaria, pelo desenvolvimento da ideia de contrato, isto é, pela via jurídica, à negação do governo.

Esta negação, Saint-Simon a deduziu da observação histórica e da educação da humanidade.

Eu o concluí, por minha vez, se me é permitido citar-me neste momento em que eu represento sozinho o elemento revolucionário, da análise das funções

---

* Pierre Jurieu (1637-1713), teólogo protestante francês, adversário do absolutismo em geral e de Luís XIV em particular.

econômicas e da teoria do crédito e da troca. Não tive necessidade, penso eu, para estabelecer esta terceira observação, de retomar as diversas obras e artigos em que ela se encontra consignada: elas alcançaram há três anos bastante repercussão.

Assim a ideia, semente incorruptível, passa através das épocas, iluminando de tempos a tempos o homem cuja vontade é boa, até o dia em que uma inteligência que nada intimida a acolhe, a alimenta, depois a lança como um meteoro sobre as massas eletrizadas.

A ideia de contrato, saída da Reforma em oposição à de governo, atravessou o século XVII e o XVIII sem que publicista algum a revelasse, sem que um único revolucionário a descobrisse. Tudo o que aí houve de mais ilustre na Igreja, na filosofia, na política entendem, pelo contrário, de combatê-la. Rousseau, Sieyès, Robespierre, Guizot*, toda esta escola de parlamentares, foram os porta-vozes da reação. Um homem, advertido muito tarde pela degradação do próprio diretor, traz à luz a ideia jovem e fecunda; infelizmente o lado realista de sua doutrina engana seus próprios discípulos; eles não veem senão que o produtor é a negação do governante, que a organização é incompatível com a autoridade; e durante trinta anos mais perde-se a fórmula de vista.

(...) A ideia anarquista está apenas implantada no solo popular e logo se encontram os chamados conservadores para bombardeá-la com suas calúnias, fortalecê-la com suas violências, esquecê-la sob os vitrais de seu

---
* Jean-Jacques Rousseau (1712-1778), o autor do Contrato Social; Joseph Sieyès (1748-1836), teórico do terceiro estado; Maximilien Robespierre (1758-1794), líder revolucionário parlamentar; François Guizot (1787-1874), historiador e político conservador, chefe de governo durante os últimos anos de reinado de Luís Felipe.

ódio, prestar-lhe o apoio de suas estúpidas reações. Hoje ela levantou, graças a eles, a ideia governamental, a ideia do trabalho, a ideia do contrato; ela cresce, ela se amplia, ela arranca de suas cascas as sociedades operárias; e dentro em pouco, como a pequena semente do Evangelho, ela formará uma árvore imensa, que cobrirá toda a Terra com seus ramos.

A soberania da razão tendo sido substituída à da revelação;

A noção de contrato sucedendo à de governo;

A evolução histórica conduzindo fatalmente a humanidade a uma nova prática;

A crítica econômica constatando que sob este novo regime a instituição política deve se perder no organismo industrial.

Concluímos sem temor que a fórmula revolucionária não pode mais ser nem legislação direta, nem governo direto, nem governo simplificado; ela é: nada de governo.

Nem monarquia, nem aristocracia, nem mesmo democracia, pois que este terceiro termo implicaria um governo qualquer, agindo em nome do povo, e dizendo-se povo. Nada de autoridade, nada de governo, mesmo popular: eis a revolução.

Do poder absoluto à anarquia

(...) Toda ideia se estabelece ou se refuta em uma sequência de termos que são como o organismo, e da qual o último termo demonstra irrevogavelmente sua verdade e seu erro. Se a evolução, em lugar de se fazer simplesmente no espírito, pelas teorias, se efetua ao mesmo tempo nas instituições e nos atos, ela constitui a história. É o caso que se apresenta para o princípio de autoridade ou de governo.

O primeiro termo sob o qual se manifesta este princípio é o poder absoluto. É a fórmula mais pura, a mais racional, a mais enérgica, a mais franca, e, pensando bem, a menos imoral e a menos penosa de governo.

Mas o absolutismo, em sua expressão ingênua, é odioso à razão e à liberdade; a consciência dos povos sempre se sublevou contra ela; após a consciência, a revolta fez ouvir seu protesto. O princípio foi portanto forçado a recuar; recuou a passo, por uma série de concessões, todas mais insuficientes umas que as outras, e cuja última, a democracia pura ou o governo direto, desembocou no impossível e no absurdo. O primeiro termo da série, sendo portanto o absolutismo, o termo final, fatídico, é a anarquia, entendida em todos os seus sentidos.

Não iremos passar em revista, uns após os outros, os principais termos desta grande evolução.

A humanidade pergunta a seus senhores: "Por que vós pretendeis reinar sobre mim e me governar?". Eles respondem: "Porque a sociedade não pode abdicar da ordem; porque é preciso numa sociedade homens que obedeçam e que trabalhem, enquanto outros comandam e dirigem; porque as faculdades individuais sendo desiguais, os interesses opostos, as paixões antagônicas, o bem particular de cada um oposto ao bem de todos, é preciso uma autoridade que marque o limite dos direitos e dos deveres, um árbitro que resolva os conflitos, uma força pública que faça executar os julgamentos do soberano. Ora, o poder, o Estado é precisamente esta autoridade discricionária, este árbitro que toma a cada um o que lhe pertence, esta força que assegura e faz respeitar a paz. O governo, em duas palavras, é o princípio e a garantia da ordem social: não é verdadeira?

A vossa teoria governamental, que não tem por origens senão vossa ignorância, por princípio senão um sofisma, por meio senão a força, por objetivo senão a exploração da humanidade, o progresso do trabalho, das ideias, vos opõe por minha boca esta teoria liberal: encontrar uma forma de transação que, reconduzindo à unidade a divergência de interesses, identificando o bem particular e o bem geral, fazendo desaparecer a desigualdade de natureza pela da educação, resolva todas as contradições políticas e econômicas; onde cada indivíduo seja igual, e, por sinônimo, produtor e consumidor, cidadão e príncipe, administrador e administrado; onde sua liberdade aumente sempre, sem que ele tenha necessidade de jamais alienar nada dela; onde seu bem-estar se desenvolva indefinidamente, sem que ele possa experimentar, do fato da sociedade ou de seus concidadãos, nenhum prejuízo, nem em sua propriedade, nem em seu trabalho, nem em sua renda, nem em suas relações de interesses, de opinião ou de afeição com seus semelhantes.

Como! Estas condições vos parecem impossíveis de se realizar? O contrato social, quando vós considerais a espantosa quantidade de relações que ele deve regular, vos parece o que se pode imaginar de mais inextricável, algo como a quadratura do círculo e o moto-contínuo. É por isso que, ao cabo de grandes esforços, vós vos entregais ao absolutismo, à força.

Considerai entretanto que, se o contrato social pode ser acertado entre dois produtores – e quem duvida que, reduzido a estes termos simples, ele não possa ter solução? –, ele pode ser acertado igualmente entre milhões, pois que sempre se trata da mesma obrigação, e que o número de assinaturas, ao torná-lo cada vez mais eficaz, não acrescenta aí um artigo. Vossa razão de impotência, portanto, não subsiste: ela é ridícula e vos torna indesculpáveis.

Em todo caso, homens de poder, eis o que vos diz o produtor, o proletário, o escravo, aquele que vós aspirais fazer trabalhar para vós: Eu não exijo os bens nem as braças* de ninguém, e não estou disposto a admitir que o fruto de meu trabalho torne-se presa de outro. Eu também quero a ordem, tanto e mais que aqueles que a perturbam por seu pretenso governo; mas eu a quero como um efeito de minha vontade, uma condição de meu trabalho e uma fé de minha razão. Eu não a suportarei jamais vindo de uma vontade estranha e me impondo por condições prévias a servidão e o sacrifício.

DAS LEIS

Sob a impaciência das multidões e a iminência da revolta, o governo teve de ceder; ele prometeu instituições e leis; declarou que seu mais ardente desejo era que cada um pudesse desfrutar do fruto de seu trabalho à sombra de sua vinha e de sua figueira. Isto era uma necessidade de sua posição. Uma vez que, efetivamente, ele se apresentava como juiz do direito, árbitro soberano dos destinos, não podia pretender conduzir os homens a seu bel-prazer. Rei, presidente,

---
* *Brasse* (braça), no francês antigo, significava o comprimento dos dois braços.

diretório, comitê, assembleia popular, não importa, é preciso regras de conduta para o poder: sem isto, como ele chegará a estabelecer uma disciplina entre seus súditos? Como os cidadãos se conformarão à ordem, se a ordem não lhes é comunicada; se, apenas comunicada, ela é invalidada; se ela muda de um dia para outro e de uma hora para outra?

O governo, portanto, deverá fazer leis, isto é, impor-se a si mesmo limites; porque tudo o que é regra para o cidadão torna-se limite para o príncipe. Ele fará tantas leis que chocará interesses; e, visto que os interesses são inumeráveis, que as relações nascentes umas das outras se multiplicam ao infinito, que o antagonismo não tem fim, a legislação deverá funcionar sem parar. As leis, os decretos, os editais, as ordens, as decisões cairão em abundância sobre o pobre povo. Ao cabo de algum tempo, o solo político será coberto por uma camada de papel que os geólogos não terão senão que registrar sob o nome de formação "papesóica", nas revoluções do globo. A Convenção, em três anos, um mês e quatro dias, vomitou 11.600 leis e decretos; a Constituinte e o Legislativo não produziram muito menos; o Império e os governos posteriores trabalharam do mesmo modo. Atualmente, o *Bulletin des Lois* contém, diz-se, mais de 50 mil; se nossos representantes cumprissem seu dever, esta cifra enorme seria logo duplicada. Acreditais que o povo, e o próprio governo, conserva sua razão nesta balbúrdia?

Certamente eis-nos já distantes da instituição primitiva. O governo, diz-se, preencheu na sociedade o papel de pai: ora, que pai jamais se lembrou de fazer um pacto com sua família? De outorgar uma Carta a seus filhos? De fazer um equilíbrio de poderes entre ele e a mãe? O chefe de família, em seu governo, é inspirado por seu coração; não rouba o dinheiro dos filhos, sustenta-os com seu próprio trabalho; guiado por seu amor, não se aconselha senão com o interesse dos seus e das circunstâncias; sua lei é a sua vontade, e todos, a mãe e os filhos, confiam nela. O pequeno Estado estaria perdido se a ação paternal encontrasse a menor oposição, se estivesse limitada em suas prerrogativas e determinada de antemão em seus efeitos. Pois quê! Seria verdade que o governo não é um pai para o povo, visto que ele se submete a regulamentos, transige com seus súditos e se torna o primeiro escravo de uma razão que, divina ou popular, não é a sua?

Se fosse assim não vejo por que eu me submeteria à lei. Quem é que nela me garantiu a justiça, a sinceridade? De onde ela me vem? Quem a fez? Rousseau explica textualmente que, num governo verdadeiramente democrático e livre, o cidadão, ao obedecer à lei, não obedece senão à sua própria vontade. Ora, a lei foi feita sem minha participação, apesar de meu absoluto desacordo, apesar do prejuízo que ela me fez aguentar. O Estado não negocia nada comigo; não permuta nada, ele me saqueia. Onde portanto está o vínculo, vínculo de consciência, vínculo de razão, vínculo de paixão ou de interesse que me obriga?

Mas o que digo? Leis para quem pensa por si mesmo e não deve responder senão a seus próprios atos, leis para quem quer ser livre e se sente feito para o futuro? Estou pronto a negociar, mas não quero leis; não reconheço nenhuma delas; protesto contra toda ordem que convirá a um poder com suposta necessidade de se impor a meu livre-arbítrio. Leis! Sabe-se o que elas são e o que elas valem. Teias de aranha para os poderosos e os ricos, cadeias que arma alguma teria meios de romper para os pequenos e os pobres, rede de pesca entre as mãos do governo.

Vós dizeis que se farão poucas leis, que se as farão simples, que se as farão boas. É outra vez uma concessão. O governo é completamente culpável se confessa deste modo seus erros!

Leis em pequeno número, leis excelentes? Mas isto é impossível. O governo não deve regular todos os interesses, julgar todas as disputas? Ora, os interesses são, pela natureza da sociedade, inumeráveis, as relações variáveis e moventes até o infinito; como é possível que se façam somente poucas leis? Como elas seriam simples? Como a melhor lei não seria em breve detestável?

Fala-se de simplificação. Mas, se se pode simplificar em um ponto, pode-se simplificar em todos; em lugar de um milhão de leis, uma única é suficiente. Qual será esta lei? Não faça a outro o que vós não quereis que se vos faça; faça a outro como desejais que vos seja feito. Eis a lei e os profetas. Mas é evidente que isto não é uma lei; é a fórmula elementar da justiça, a regra de todas as convenções. A simplificação legislativa nos reconduz portanto à ideia de contrato, consequentemente, à negação da autoridade. Efetivamente, e a lei é única, se ela resolve todas as antinomias da sociedade, se ela é consentida e votada por todo mundo, ela é adequada ao contrato social. Ao promulgá-la, vós proclamais o fim do governo. O que vos impede de aplicar esta simplificação imediatamente?

O SISTEMA REPRESENTATIVO

(...) Não há duas espécies de governo, assim como não há duas espécies de religião. O governo é de direito divino ou não é; assim como a religião é do céu ou não é nada. Governo democrático e religião natural são duas contradições, a menos que se prefira ver aí duas mistificações. O povo não tem mais voz consultiva no Estado do que na Igreja: seu papel é obedecer e acreditar.

Deste modo, como os princípios não podem falhar, que os homens sozinhos têm o privilégio da inconsequência, o governo, em Rousseau, assim como na Constituição de 91 e todas as que se seguiram, não é sempre, apesar do sistema eleitoral, senão um governo de direito divino, uma autoridade mística e sobrenatural que se impõe à liberdade e à consciência, mesmo parecendo solicitar sua adesão.

Sigai esta sequência:

Na família, em que a autoridade está íntima ao coração do homem, o governo assenta-se na descendência;

Nos costumes selvagens e bárbaros ele se apoia no patriarcado, o que reaparece na categoria precedente, ou pela força;

Nos costumes sacerdotais ele se apoia na fé;

Nos costumes aristocráticos ele se apoia na progenitura ou na casta;

No sistema de Rousseau, tornado o nosso, ele se apoia ou no acaso ou no número.

A descendência, a força, a fé, a primogenitura, o acaso, o número, todas coisas igualmente ininteligíveis e impenetráveis, sobre as quais não há nada a objetar, mas a se submeter, tais são, não diria os princípios –

tanto a autoridade como a liberdade não reconhecem senão elas mesmas por princípios –, mas os diferentes modos pelos quais se efetiva, nas sociedades humanas, a investidura do poder. A um princípio primitivo, superior, anterior, indiscutível, o instinto popular sempre procurou uma expressão que foi igualmente primitiva, superior, anterior e indiscutível. No que concerne à produção do poder, a força, a lei, a hereditariedade e o número são a forma variável que reveste este ordálio; são julgamentos de Deus.

É o número que oferece a vosso espírito alguma coisa de mais racional, de mais autêntico, de mais moral do que a fé ou a força? O escrutínio vos parece mais seguro que a tradição ou a hereditariedade? Rousseau invectiva contra o direito do mais forte, como se a força, antes que o número, constituísse a usurpação. Mas o que é então o número? O que prova? Que vale? Qual a relação entre a opinião mais ou menos unânime e sincera dos votantes a esta coisa que domina qualquer opinião, qualquer voto, a verdade, o direito?

O quê! Trata-se de tudo o que me é mais caro, de minha liberdade, de meu trabalho, da subsistência de minha mulher e de meus filhos; e, quando conto convosco para admitir artigos, devolveis tudo a um congresso formado segundo o capricho do acaso? Quando eu me apresento para contratar, vós me dizeis que é preciso eleger árbitros que, sem me conhecer, sem me ouvir, pronunciarão minha absolvição ou minha condenação? Qual a relação, eu vos suplico, entre este congresso e eu? Que garantia ele pode me oferecer? Por que faria este sacrifício enorme, irreparável à sua autoridade, de aceitar o que lhe agrada resolver como sendo a expressão de minha vontade, a justa medida de meus direitos? E, quando este congresso, após os debates aos quais eu não compreendo nada, vem me impor sua decisão como lei, me apresentar esta lei na ponta de uma baioneta, eu pergunto, se é verdade que eu faço parte do soberano, o que vem a ser minha dignidade, se devo me considerar como estipulante, onde está o contrato?

Os deputados, pretende-se, seriam os homens mais capazes, os mais probos, os mais independentes do país; escolhidos como tais por uma elite de cidadãos mais interessados na ordem, na liberdade, no bem-estar dos trabalhadores e no progresso. Iniciativa sabiamente concebida, que afiança a bondade dos candidatos!

Mas por que então os honorários burgueses componentes da classe média sabem melhor que eu mesmo dos meus verdadeiros interesses? Trata-se de meu trabalho, observais então, da troca de meu trabalho, a coisa que, após o amor, sofre menos a autoridade. (...)

(...) E vós ireis entregar meu trabalho, meu amor, por procuração, sem meu consentimento! Quem me diz que vossos procuradores não usarão de seu privilégio para fazer do poder um instrumento de exploração? Quem me garante que seu pequeno número não os entregará, pés, mãos e consciências amarrados, à corrupção? E, se eles não querem se deixar corromper, se eles não conseguem ser razoáveis à autoridade, quem me assegura que a autoridade desejará se submeter?

Do sufrágio universal

(...) A solução está encontrada, bradam os intrépidos. Que todos os cidadãos participem do voto:

não haverá poder que lhes resista, nem sedução que os corrompa. É o que pensaram, no dia seguinte a Fevereiro, os fundadores da República.

Alguns acrescentam: que o mandato seja imperativo, o representante perpetuamente revogável; e a integridade da lei estará garantida, a fidelidade do legislador, assegurada.

Nós entramos no atoleiro.

Não acredito de maneira alguma, justificadamente, nesta intuição divinatória da multidão, que a faria discernir, logo de imediato, o mérito e a honorabilidade dos candidatos. Os exemplos são abundantes em personagens eleitos por aclamação e que, sobre as bandeiras em que se ofereciam aos olhos do povo arrebatado, já preparavam a trama de suas traições. Entre dez tratantes, o povo, em seus comícios, quase que não encontra um homem honesto...

Mas que me interessam, ainda uma vez, todas estas eleições? Que necessidade tenho de mandatários, tanto como de representantes? E, já que é preciso que eu determine minha vontade, não posso exprimi-la sem a ajuda de ninguém? Isto me custará mais e, além disso, não estou mais certo de mim do que de meu advogado?

Dizem-me que é preciso acabar com isso; que é impossível que eu me ocupe com tantos interesses diversos; que afinal de contas um conselho de árbitros, cujos membros teriam sido nomeados por todas as vozes do povo, promete uma aproximação da verdade e do direito bem superior à justiça de um monarca irresponsável, representado por ministros insolentes, e magistrados cuja inamovibilidade mantém-se, como o príncipe, fora de minha esfera.

Primeiro, não vejo absolutamente a necessidade de se decidir a este preço: não vejo, sobretudo, que algo seja decidido. Nem a eleição nem o voto, mesmo unânimes, resolvem algo. Depois, há sessenta anos nós praticamos uma e outro em todos os graus, e que decidimos? O que nós somente definimos? Que luz o povo obteve de suas assembleias? Quais as garantias conquistadas? Quando se lhe fizer reiterar, dez vezes ao ano, seu mandato, renovar todos os meses seus oficiais minicipais e seus juízes, isto acrescentará um cêntimo à sua renda? Estaria mais seguro, ao se deitar em cada dia, de ter no dia seguinte o que comer e do que sustentar seus filhos? Poderia somente responder que não se virá prendê-lo, arrastá-lo à prisão?

Compreendo que sobre questões que não são suscetíveis de uma solução regular, para interesses medíocres, incidentes sem importância, se submeta a uma decisão arbitral. Semelhantes transações têm isto de moral, de consolador, pois elas atestam nas almas alguma coisa de superior até mesmo à justiça, o sentimento fraternal. Mas sobre princípios, sobre a própria essência dos direitos, sobre a direção a imprimir à sociedade; mas sobre a organização das forças industriais; mas sobre meu trabalho, minha subsistência, minha vida; mas sobre esta hipótese até do governo que nós agitamos, recuso qualquer autoridade presuntiva, qualquer solução indireta; não reconheço nenhum conclave; quero tratar diretamente, individualmente, por mim mesmo; o sufrágio universal é, a meus olhos, uma verdadeira loteria.

O governo e o povo

(...) Passo imediatamente à hipótese final. É aquela em que o povo, chegando ao poder absoluto, e se tomando a si mesmo, em sua integralidade, por déspota, se contratará em consequência; onde, por conseguinte, ele acumularia, como é justo, todas as atribuições, reuniria em sua pessoa todos os poderes: legislativo, executivo, judiciário e outros, se existirem; onde ele faria todas as leis, faria todos os decretos, ordenações, decisões, sentenças, julgamentos; expediria todas as ordens; tomaria em suas próprias mãos todos seus agentes e funcionários, do alto da hierarquia até em baixo; lhes transmitiria diretamente e sem intermediários suas vontades; supervisionaria e se asseguraria a execução, impondo a todos uma responsabilidade proporcional; entraria na posse de todas as dotações, listas civis, pensões, incentivos; desfrutaria, enfim, rei de fato e de direito, de todas as honras e benefícios da soberania, poder, dinheiro, prazer, repouso etc.

(...) Infelizmente este sistema, irretocável, ouso dizer, em seu conjunto e em seus detalhes, encontra na prática uma dificuldade insuperável.

É que o governo supõe um correlativo, e que se o povo inteiro, a título de soberano, é nomeado governo, procura-se em vão onde estarão os governados. O objetivo do governo é, se se o recorda, não conduzir à unidade a divergência de interesses – a este respeito ele se reconhece de uma perfeita incompetência –, mas de manter a ordem na sociedade apesar do conflito de interesses. Em outros termos, o objetivo do governo é fazer as vezes da ordem econômica e da harmonia industrial. Se portanto o povo, no interesse de sua liberdade e de sua soberania, se encarrega do governo, não pode mais se ocupar da produção, visto que, pela natureza das coisas, produção e governo são duas funções incompatíveis e querer acumulá-las seria introduzir a divisão por toda parte. Então, uma vez mais ainda, onde estarão os produtores? Onde estarão os governados? Onde estarão os administrados? Onde os julgados? Onde os executados?

É preciso chegar à hipótese extrema, aquela onde o povo entra em massa no governo, preenche todos os poderes, e sempre deliberando, votando, executando, como numa insurreição, sempre unânime, não mais tem acima dele nem presidente, nem representantes, nem comissários, nem país legal, nem maioria; numa palavra, o povo é legislador único na coletividade e único funcionário.

Mas se o povo, assim organizado para o poder, não tem efetivamente mais nada acima dele, pergunto eu, o que há embaixo? Em outros termos, onde está o correlativo do governo? Onde estão os operários, os industriais, os comerciantes, os soldados? Onde estão os trabalhadores e os cidadãos?

Dir-se-á que o povo é todas estas coisas ao mesmo tempo, que ele produz e legisla ao mesmo tempo, que trabalho e governo nele são indivisos? Isto é impossível, visto que, de um lado, o governo, tendo por razão de ser a divergência de interesses, de outro lado, não podendo ser admitida solução alguma de autoridade ou de maioria, só o povo em sua unanimidade sendo autorizado a fazer impor as leis, consequentemente o debate legislativo se demorando com o número de legisladores, os negócios do Estado crescentes em razão direta da multidão de homens de Estado, não há aí mais lugar nem tempo aos cidadãos para ocupar-se de seus trabalhos industriais; não são suficientes todos os seus dias para executar as tarefas de governo. Não há meio tempo: ou trabalhar ou reinar.

(...) É assim, além disso, que as coisas se passavam em Atenas, onde durante vários séculos, à exceção de alguns intervalos de tirania, o povo inteiro ocupou-se da praça pública, discutindo da manhã à noite. Mas os vinte mil cidadãos de Atenas que constituíam o soberano tinham quatrocentos mil escravos trabalhando, enquanto o povo francês não tem ninguém para lhe servir e mil vezes mais tarefas a executar que os atenienses. Repito minha questão: sobre quem o povo, transformado em legislador e príncipe, legislará? Para que interesses? Dentro de que objetivo? E, enquanto ele governará, quem o sustentará? (...) O povo em massa impondo-se ao Estado, o Estado não tem mais a menor razão de ser, visto que não existe mais povo: a equação de governo dá por resultado zero.

NADA DE AUTORIDADE

A ideia capital, decisiva, desta revolução não é, com efeito: nada de autoridade, nem na Igreja, nem no Estado, nem na terra, nem na riqueza?

Ora, nada de autoridade, isto quer dizer o que nunca se viu, o que nunca se compreendeu, harmonia do interesse de cada um com o interesse de todos, identidade da soberania coletiva e da soberania individual.

Nada de autoridade! Isto é, dívidas pagas, servidões abolidas, hipotecas revogadas, arrendamentos reembolsados, despesas de culto, da Justiça e do Estado suprimidas; crédito gratuito, troca igual, associação livre, preço regulamentado; educação, trabalho, propriedade, domicílio, bons negócios, garantias; nada de antagonismo, nada de guerra, nada de centralização, nada de governos, nada de sacerdotes. A sociedade não saiu de sua esfera, funcionando numa posição invertida, de pernas para o ar?

Nada de autoridade! Isto quer dizer novamente o contrato livre em vez da lei absolutista; a transação voluntária em lugar da arbitragem do Estado; a justiça equitativa e recíproca em lugar da justiça soberana e distributiva; a moral racional em vez da moral revelada; o equilíbrio de forças substituído ao equilíbrio de poderes; a unidade econômica em vez da centralização política. Ainda uma vez mais, não é efetivamente o que eu ousaria chamar uma conversão completa, uma volta sobre si mesma, uma revolução?

Que distância separa estes dois regimes, pode-se julgar isso pela diferença de seus estilos.

Um dos momentos mais solenes, na evolução do princípio de autoridade, é o da promulgação do Decálogo. A voz do anjo comanda o povo, prostrado ao pé do Sinai:

Adorarás o Eterno, diz-lhe ele, e nada senão o Eterno;

Não jurarás senão por ele;

Celebrarás suas festas e lhe pagarás o dízimo;

Honrarás teu pai e tua mãe;

Não matarás;

Não roubarás de modo algum;

Não fornicarás;

Não cometerás nada de errado;

Não serás invejoso e caluniador;

Porque o Eterno ordena e é o Eterno que fez o que tu és. Somente o Eterno é soberano, sábio, digno; o Eterno pune e recompensa, o Eterno pode te tornar feliz ou infeliz.

Todas as legislações adotaram este estilo, todas, falando para o homem, empregam a fórmula soberana. O hebreu no futuro, o latim no imperativo, o grego no infinitivo. Os modernos não fazem de outro modo: (...) qualquer que seja a lei, de qualquer boca que parta, ela é sagrada, visto que foi pronunciada por esta trombeta fatídica que entre nós é a maioria.

"Não te reunirás;

"Não imprimirás;

"Não lerás;

"Respeitarás teus representantes e teus funcionários que o acaso do escrutínio ou o arbítrio do Estado há de te dar;

"Obedecerás às leis que sua sabedoria há de fazer;

"Pagarás fielmente o orçamento;

"E amarás o governo, teu senhor e teu deus, com tua devoção, com toda tua alma e toda tua inteligência; porque o governo sabe melhor que tu o que tu és, o que vales, o que te convém e ele tem o poder de punir aqueles que desobedecem a seus desígnios, como o de recompensar até a quarta geração aqueles que lhe são agradáveis".

Ó personalidade humana! É possível que durante sessenta séculos tu tenhas te corrompido nesta abjeção! Tu te dizes santa e sagrada e não és senão a prostituída, infatigável, gratuita de teus lacaios, de teus monges e de teus velhos soldados. Tu o sabes e o sofres! Ser governado é ser guardado à vista, inspecionado, espionado, dirigido, legisferado, regulamentado, depositado, doutrinado, instituído, controlado, avaliado, apreciado, censurado, comandado por outros que não têm nem o título, nem a ciência, nem a virtude.

Ser governado é ser, em cada operação, em cada transação, em cada movimento, notado, registrado, arrolado, tarifado, timbrado, medido, taxado, patenteado, licenciado, autorizado, apostilado, admoestado, estorvado, emendado, endireitado, corrigido. É, sob pretexto de utilidade pública, e em nome do interesse geral, ser pedido emprestado, adestrado, espoliado, explorado, monopolizado, concussionado, pressionado, mistificado, roubado; depois, à menor resistência, à primeira palavra de queixa, reprimido, corrigido, vilipendiado, vexado, perseguido, injuriado, espancado, desarmado, estrangulado, aprisionado, fuzilado, metralhado, julgado, condenado, deportado, sacrificado, vendido, traído e, para não faltar nada, ridicularizado, zombado, ultrajado, desonrado. Eis o governo, eis sua justiça, eis sua moral! E dizer que há entre nós democratas que pretendem que o governo prevaleça; socialistas que sustentam esta ignomínia em nome da liberdade, da igualdade e da fraternidade; proletários que admitem sua candidatura à presidência da República! Hipocrisia!... Com a revolução é outra coisa. A busca das causas primeiras e das causas finais é eliminada tanto da ciência econômica como das ciências naturais.

A ideia de progresso substitui, na filosofia, a do absoluto.

A Revolução sucede à revelação.

A razão, ajudada pela experiência, explica ao homem as leis da natureza e da sociedade; depois ele diz:

Estas leis são as da própria necessidade. Nenhum homem as fez; nenhum te as impõe. Elas foram descobertas pouco a pouco e eu não existo senão para dar-lhe testemunho.

Se tu as observas, serás justo e bom, se as violas, serás injusto e mau. Eu não te proponho outra razão (...), tu és livre de aceitar ou de recusar.

Se tu recusas, fazes parte da sociedade dos selvagens. Fora da comunhão do gênero humano, tu te tornas suspeito. Nada te protege. Ao menor insulto, o primeiro que chegar pode te bater, sem incorrer noutra acusação senão a de sevícias inutilmente exercidas contra um bruto.

Se tu juras o pacto, ao contrário, tu fazes parte da sociedade dos homens livres. Todos os irmãos se comprometem contigo, te prometem fidelidade, amizade, segurança, favor, troca (...).

Eis todo o contrato social.

Proudhon e as candidaturas operárias (1863-1864)

Os textos que agora vão ser apresentados (o Manifesto dos Sessenta, *as duas* Cartas *de Proudhon aos Operários) giram em torno de uma questão de tática eleitoral: devia-se ou não se servir do voto como meio de luta contra a ditadura de Napoleão III? Mas o debate vai mais longe e está cheio de futuras implicações. De uma parte, marca um início de ruptura da classe operária com os defensores da democracia burguesa, sua vontade, ainda mais ou menos vacilante, de doravante se afirmar, politicamente, como uma classe "separada"; de outra parte, ele coloca duas concepções opostas da ação política operária: o abstencionismo anarquista e a emancipação socialista pelo voto.*

Quando o regime imperial procedeu às eleições gerais de 31 de maio e 10 de junho de 1863, ele não havia consultado o corpo eleitoral desde 1857. Nesta data, se obteve o apoio da esmagadora maioria das províncias, do campesinato, em Paris somente levou justiça: 110.526 votos contra 96.299 para a oposição democrática. Cinco deputados liberais foram assim eleitos, entre os quais Alfred Darimon*, amigo de Proudhon. Mas este último permanecerá discreto e, se o candidato "democrata-socialista" devia sua eleição

---

* Alfred Darimon (1819-1902), um dos chefes do Partido Liberal sob o Segundo Império.

ao prestígio do mestre, ele apenas se beneficiara de seu apoio.

Napoleão III se decidira, em 1863, a consultar de novo o país porque o que chamou o "Império autoritário" padecia de envelhecimento e de usura. Além disso, o déspota sentiu a necessidade de ressuscitar no país uma aparência de vida parlamentar, de valorizar uma oposição bastante fraca de Sua Majestade. Em Paris, os resultados do escrutínio foram festejados pelos democratas; eles haviam obtido uma larga maioria: 153 mil sufrágios contra 82 mil a favor do poder imperial. Para o conjunto da França, 35 deputados oposicionistas entravam para o corpo legislativo.

Segundo a estimativa de Proudhon, pelo menos a metade destes 153 mil sufrágios provinha das fileiras da classe operária. No entanto nenhum operário foi eleito. Dos nove candidatos da lista democrática vencedores em Paris, havia seis jornalistas ou homens de letras e três advogados. Um comitê operário, contudo, havia designado candidatos operários, entre os quais Henri Tolain, gravador, que em breve iria figurar entre os fundadores da Primeira Internacional. Tolain se explicou num folheto remarcável: Algumas verdades sobre as eleições de Paris: *"Nós temos para nos fazer ouvir somente a grande voz do sufrágio universal. (...) O povo quer governar a si mesmo. (...) O que pode esperar o povo (...) se ele não se encarrega dos seus próprios negócios?" Mas as candidaturas operárias obtiveram somente um número irrisório de votos (332 votos uma; 11 votos a outra; Tolain retirara sua candidatura bem antes do escrutínio). A democracia burguesa considerava estas candidaturas* *com um tal desprezo que seu porta-voz, Jules Ferry*, num folheto,* A luta eleitoral de 1863, *as passa pura e simplesmente em silêncio.*

Proudhon adotou uma tática bem dele, a de abstenção ativa. Fez-se animador de um comitê abstencionista cuja atividade foi intensa: conciliábulos, panfletos, cartazes, tudo coroado por um vibrante manifesto e pela publicação, à véspera do escrutínio, de um folheto assinado por ele: Os democratas juramentados e os refratários. *Este tinha a habilidade de colocar em surdina suas concepções anarquistas acerca da matéria e tomava cuidado de não se declarar contra o próprio princípio do sufrágio universal, "princípio democrático por excelência". Mas, questionava, o sufrágio universal, sob o Império, não podia funcionar com toda independência por um certo número de razões que ele enumerava: nada de liberdade de reunião, nem de liberdade da imprensa, nem de liberdade municipal. Uma lei eleitoral cortada sob medida para que o poder desnaturasse o voto. Enfim e sobretudo, os candidatos eram obrigados a prestar juramento de fidelidade ao imperador.*

Nestas condições, a abstenção não era, da parte do eleitor, "um ato de indiferença culpável ou de dignidade estéril", mas "um ato de conservação, um apelo à lei e ao direito". Ela era "uma faculdade essencial do eleitor". Fazia "parte do direito eleitoral". Era "simplesmente uma declaração do país ao governo de que, no estado de coisas, (...) o desejo dos eleitores é que o chefe do Império renuncie a

---

* Jules Ferry (1832-1893), um dos líderes da oposição liberal no Segundo Império, futuro homem de Estado da Terceira República.

esta ditadura e habilite os cidadãos a cumprir seus deveres eleitorais e a realizar um ato verdadeiro de soberania".

De passagem, Proudhon implicitamente crivava com suas setas o recurso ao plebiscito sobre a base de questões tendenciosas ou propositadamente mal postas e suas críticas ainda teriam atualidade sob o regime gaullista: "A abstenção, ou o voto silencioso, (...) tornado obrigatório, é o primeiro e o mais sagrado dos deveres quando a questão submetida ao voto é equívoca, insidiosa, inoportuna, ilegal". E Proudhon concluía: "Que se saiba pelo presente escrito e pelos comitês de abstenção (...) que existe uma elite que (...) se recusa a votar e que justifica sua recusa sobre o fato de que o sufrágio universal, instrumento e garantia da liberdade, se voltaria contra ela se não recobrisse a plenitude de suas garantias e a sinceridade de suas formas".

Mas esta linguagem, que tinha o defeito de se confessar um pouco aristocrática, não foi entendida pelo eleitorado popular. Somente 4.556 votos brancos serão arrolados no Sena e, ao conjunto do país, as abstenções "passivas", que haviam sido de 143 mil em 1857, caíram para 86 mil. No entanto os 4.556 votos brancos eram assim mesmo muito mais numerosos do que as poucas centenas de votos arrebanhados pelas candidaturas operárias.

Em 20 e 21 de março de 1864 procederam-se às eleições complementares. De novo Tolain desafia o corpo eleitoral parisiense com uma candidatura operária: a sua, e desta vez a mantém. Só conseguiu 424 votos. Como no ano anterior, as candidaturas operárias foram sacrificadas pelas da democracia burguesa, que contou dois eleitos. Para o apoio da candidatura de Tolain, um comitê operário de sessenta membros havia elaborado um Manifesto. *É o texto que se reproduz logo a seguir e que passou à posteridade enquanto primeira expressão pública da consciência de classe operária.*

Proudhon determinou antes de tudo um vivo entusiasmo à leitura deste documento. Na segunda reflexão ele ameniza o louvor da negação. Esta entrada em cena da "plebe operária" era, a seus olhos, "ao mesmo tempo uma grande vitória e uma grande derrota". Ele explicitou seu pensamento num livro escrito expressamente para esta ocasião e que, publicado, inacabado, pouco após sua morte, foi seu testamento político: Da capacidade política das classes operárias.

Os autores do Manifesto, *aí ele expunha, não tinham "posto e proposto a candidatura de um ou outro deles senão em razão de seu caráter de operário". Porque ela era operária eles a julgavam "representar melhor que ninguém a classe operária". A importância deste ato não escapava ao ultralúcido Proudhon: "Digo que este fato (...) atesta nas classes operárias uma revelação, até então sem exemplo, de sua consciência corporativa; ela prova que mais da metade da nação francesa entrou na cena política, trazendo com ela uma ideia que, cedo ou tarde, deve transformar de alto a baixo a sociedade e o governo. (...) Um fato social de um alcance incalculável se produziu no seio da sociedade: é a chegada à vida política da classe mais numerosa e mais pobre, até este dia desdenhada porque não tinha consciência".*

Mas Proudhon, uma vez feita esta homenagem, se separava, com pesar, dos "Sessenta". Ele via, não sem razão, nas eleições de 1863-1864 "uma verdadeira estocada simultânea", "uma espécie de comédia organizada para ganhar tempo e usar a Revolução", "o instrumento de uma efêmera reconciliação política". Entrar no sistema imperial era um contrassenso. Era preciso, ao contrário, romper radicalmente com o poder. Para com a oposição democrática, ele se mostrava impiedoso: seus candidatos se colocaram "sobre o terreno da legalidade imperial". "Eles não representam nada, não significam nada, não sabem nada." A política de oposição era "antes de tudo seu antissocialismo declarado". Os candidatos operários tinham errado em ajudar esta oposição ao lhe oferecer apoio.

Paris numa tarde de eleições (1º de junho de 1863)*

Segunda-feira, 1º de junho de 1863, perto de dez horas da noite, Paris estava numa agitação surda, que lembrava as de 26 de julho de 1830 e 22 de fevereiro de 1848. Por menos que se fosse levado pelas impressões da rua, se acreditaria à véspera de uma batalha. Paris, ouvia-se dizer de todos os lados, voltou há vinte dias à vida política, despertou de seu torpor, sentia-se viver, as aragens revolucionárias a animavam.

– Ah! – bradavam aqueles que estavam colocados como chefes do movimento, não era mais a esta hora

---

* Extraído de *De la Capacité Politique des Classes Ouvrières*, 1865, póstumo.

a cidade nova, monótona e fatigante de Haussmann*, com seus bulevares retilíneos, com seus hotéis gigantescos, com suas estações magníficas mas desertas; com seu rio entristecido, que não leva senão pedras e areia; com suas plataformas ferroviárias que, substituindo os portos da antiga cidade, destruíram sua razão de ser; com suas praças, seus novos teatros, seus novos quartéis, seu macadame, suas legiões de varredores e sua poeira repelente. Era a Paris dos dias antigos, cujo fantasma aparecia na claridade das estrelas, nos gritos soltos baixinho de "Viva a liberdade!".

Paris, portanto, guardiã vigilante das liberdades da nação, levantara-se ao apelo de seus oradores e respondera com um não dos mais secos às solicitações do governo. Os candidatos independentes haviam obtido uma maioria formidável. A lista democrática passara inteiramente; sabia-se o resultado do escrutínio. A administração estava vencida: seus homens foram repelidos por 153 sufrágios contra 82 mil. O povo, que perpetrara o golpe, ruminava seu sucesso; a burguesia estava dividida: uma parte se mostrava inquieta e a outra deixava explodir seu contentamento.

– Que golpe! – dizia um –; que bofetada!

– Isto é grave – acrescentava um outro –, muito grave. Paris na oposição, o Império está sem capital...

(...) Ora, em 1º de junho de 1863 houve eclipse da lua. O céu estava esplêndido, a tarde magnífica. A brisa, amorosa e ligeira, parecia tomar parte das emoções reparadoras, aliás, inofensivas da Terra. Toda Paris pôde seguir as fases do fenômeno que começou às 21h56, justamente no momento em que as mesas

---

* Eugène-Georges Haussmann (1809-1891), prefeito do Sena sob o Segundo Império, iniciador de numerosos trabalhos de limpeza urbana na capital.

de eleição acabavam de fechar seu recenseamento, terminado a 1h06 da manhã.

– Assim – diziam os foliões –, o despotismo se eclipsa diante da liberdade. – A democracia estendeu sua imensa mão e a sombra se fez sobre o astro de 2 de dezembro; Pelletan*, no estilo de hierofanta, um dos eleitos, hoje o orador mais provocador do parlamento tanto para aqueles que o leem quanto para aqueles que o escutam, não deixou de lançar em um de seus folhetos este augúrio ameaçador.

– Diga, de preferência – replicavam os derrotados –, que é a razão parisiense que se eclipsou. Ah! Vós recomeçais vossas farsas de 1830 e 1848, pois bem! Será pior do que em 1830 e 1848!

Manifesto dos sessenta operários do Sena (17 de fevereiro de 1864)

Em 31 de maio de 1863, os trabalhadores de Paris, mais preocupados com o triunfo da oposição do que com seu interesse particular, votaram a lista publicada pelos jornais. Sem hesitar, sem regatear sua ajuda, inspirados por seu devotamento à liberdade, deram dele uma nova prova clamorosa, irrefutável. Por isso a vitória da oposição foi completa, tal como se a desejava ardentemente, mas na certa mais imponente do que muitos ousavam esperar.

Apoiou-se uma candidatura operária, é verdade, mas sua defesa foi de uma moderação que todo o mundo foi obrigado a reconhecer. Para sustentá-la avançaram-se somente considerações secundárias e ideias conheci-

---

* Eugène Pelletan (1813-1884), um dos líderes da oposição liberal sob o Segundo Império.

das, em face de uma situação excepcional que dava às eleições gerais um caráter particular; seus defensores se abstiveram de colocar o vasto problema do pauperismo. Foi com grande reserva de propaganda e de argumentos que o proletariado tentou se manifestar: o proletariado, esta chaga da sociedade moderna, como o escravo e o servo foram as da Antiguidade e da Idade Média. Os que atuaram deste modo previram sua derrota, mas acharam bom colocar uma primeira baliza. Semelhante candidatura lhes parecia necessária para afirmar o espírito profundamente democrático da grande cidade.

Nas próximas eleições a situação não será mais a mesma. Com a eleição de nove deputados a oposição liberal obteve em Paris uma grande vitória. Quem quer que eles fossem, eleitos nas mesmas condições, os novos eleitos não acrescentariam nada ao significado do voto de 31 de maio; seja qual for sua eloquência, não acrescentaria nada ao brado que hoje lança a palavra hábil e brilhante dos oradores da oposição. Não há um ponto do programa democrático de que nós não desejemos com ela a realização. E o dizemos de uma vez por todas, nós empregamos esta palava, democracia, no seu sentido mais radical e mais nítido.

Mas, se nós estamos de acordo em política, o estamos em economia social? As reformas que nós desejamos, as instituições que nós demandamos, a liberdade de apoiar são aceitas por aqueles que representam no corpo legislativo o Partido Liberal? Esta é a questão, o nó górdio da situação.

Num país cuja Constituição repousa sobre o sufrágio universal, num país em que todos evocam e enaltecem os princípios de 89, somos obrigados a justificar as candidaturas operárias, a dizer minuciosamente, longamente, os como, os porquês, e isto para evitar não somente as acusações injustas dos tímidos e dos conservadores a todo o custo, mas ainda os receios e as aversões de nossos amigos.

O sufrágio universal nos tornou maiores politicamente, mas ainda nos resta nos emancipar socialmente. A liberdade que o terceiro estado soube conquistar com tanto rigor e perseverança deve se estender na França, país democrático, a todos os cidadãos. Direito político igual implica necessariamente um igual direito social. Repetiu-se à saciedade: não há mais classes, desde 1789 todos os franceses são iguais perante a lei.

Mas nós que não temos outra propriedade senão os nossos braços, nós que sofremos todos os dias as condições legítimas ou arbitrárias do capital, nós que vivemos sob leis de exceção, tais como a lei sobre as coligações e o artigo 1.781, que causa prejuízo ao mesmo tempo a nossos interesses e a nossa dignidade, é-nos bastante difícil acreditar nesta afirmação.

Nós que, num país em que temos o direito de nomear os deputados, não temos sempre o meio de aprender a ler; nós que, por falta de poder nos reunir, nos associar livremente, somos impotentes para organizar a instrução profissional e que vemos este precioso instrumento do progresso industrial tornar-se o privilégio do capital, nós não podemos nos dar esta ilusão.

Nós, cujos filhos passam com frequência sua juventude no meio desmoralizante e malsão das fábricas ou na aprendizagem que hoje não é todavia senão um estado vizinho da domesticidade; nós cujas mulheres forçosamente deixam o lar por um trabalho excessivo, contrário à sua natureza e destruindo a família; nós que não temos o direito de nos ouvir para defender pacificamente nosso salário, para nos assegurar contra o desemprego, nós afirmamos que a igualdade escrita na lei não está nos costumes e que ainda está por se realizar nos fatos. Aqueles que, desprovidos de instrução e de capital, não podem resistir pela liberdade e pela solidariedade às exigências egoístas e opressivas, aqueles sofrem fatalmente a dominação do capital; seus interesses permaneceram subordinados a outros interesses.

Nós o sabemos, os interesses não se regulamentam de modo algum; eles escapam à lei; só podem se conciliar por convenções particulares móveis e mutáveis como estes mesmos interesses. Sem a liberdade dada a todos, esta conciliação é impossível. Nós caminharemos para a conquista de nossos direitos pacificamente, legalmente, mas com energia e persistência. Nossa libertação mostrará dentro em pouco os progressos realizados no espírito das classes laboriosas, da imensa multidão que vegeta no que se chama o proletariado e que, para nos servir de uma expressão mais justa, nós chamaremos o salariado.

Àqueles que acreditam ver se organizar a resistência, a greve, assim que nós reivindicamos a liberdade, nós dizemos: vós não conheceis os operários; eles perseguem um objetivo muito maior, bem mais fecundo que o de enfraquecer suas forças nas lutas cotidianas em que, dos dois lados, os adversários em definitivo somente encontrariam a ruína para uns e a miséria para os outros.

O terceiro estado dizia: que é o terceiro estado? Nada! Que deve ser? Tudo! Nós não dizemos: que é o operário? Nada! Que deve ser? Tudo! Mas diremos:

a burguesia, nossa primogênita em emancipação, soube em 89 absorver a nobreza e destruir privilégios injustos; para nós trata-se não de destruir os direitos de que desfrutam justamente as classes médias, mas de conquistar a mesma liberdade de ação. Na França, país democrático por excelência, todo direito político, toda reforma social, todo instrumento de progresso não pode permanecer privilégio de alguns. Pela força das coisas, a nação que possui de modo inato o espírito de igualdade tende irresistivelmente a dele fazer o patrimônio de todos. Todo meio de progresso que não pode se ampliar, se vulgarizar, de maneira a concorrer para o bem-estar geral, sendo acessível até as últimas camadas da sociedade, não é completamente democrático porque constitui um privilégio. A lei deve ser bastante ampla para permitir a todos, isolada ou coletivamente, o desenvolvimento de suas faculdades, o emprego de suas forças, de sua economia, e de sua inteligência, sem que se possa aí colocar outro limite senão a liberdade do outro e não o seu interesse.

Que não se nos acuse de modo algum de sonhar leis agrárias, igualdade quimérica, que colocaria todos sobre um leito de Procusto, partilha, máximo, imposto obrigatório etc. Não! Já é tempo de se acabar com estas calúnias propagadas por nossos inimigos e adoradas pelos ignorantes. A liberdade de trabalho, o crédito, a solidariedade, eis nossos sonhos. No dia em que eles se realizarem, para a glória e a prosperidade de um país que nos é caro, não haverá mais nem burgueses nem proletários, nem patrões nem operários. Todos os cidadãos serão iguais em direitos.

Mas, dizem-nos, todas estas reformas de que vós tendes necessidade os deputados eleitos podem exigir como vós, melhor que vós; são os representantes de todos e por todos nomeados.

Pois bem! Nós responderemos: não! Não somos representados e eis por que colocamos esta questão das candidaturas operárias. Sabemos que não se diz candidaturas industriais, comerciais, militares, jornalistas etc.; mas a coisa está, mesmo se a palavra não está. A grande maioria do corpo legislativo não é composta de grandes proprietários, industriais, comerciantes, generais, jornalistas etc., que votam silenciosamente ou que somente falam nas comissões e só sobre as questões em que eles têm especialidade?

Um número muito pequeno usa a palavra para falar sobre questões gerais. Certamente nós pensamos que os operários eleitos deveriam ou poderiam defender os interesses gerais da democracia, mas mesmo quando eles se limitassem a defender os interesses particulares das classes mais numerosas, que especialidade! Eles preencheriam uma lacuna no corpo legislativo onde o trabalho manual não é representado. Nós que não temos a nosso serviço nenhum destes meios, a fortuna, as relações, as funções públicas, somos quase obrigados a dar a nossas candidaturas uma denominação clara e significativa e de chamar as coisas por seu nome tanto quanto o possamos.

Nós não somos representados porque numa sessão recente do corpo legislativo houve uma manifestação unânime de simpatia a favor da classe operária, mas voz alguma se elevou para formular como nós os entendemos, com moderação mas com firmeza, nossas aspirações, nossos desejos e nossos direitos.

Nós não somos representados, nós que recusamos acreditar que a miséria seja de instituição divina.

A caridade, instituição cristã, provou e reconheceu por si mesma, radicalmente, sua impotência enquanto instituição social.

Sem dúvida, nos bons velhos tempos, no tempo do direito divino, quando, impostos por Deus, os reis e os nobres se acreditavam os pais e os primogênitos do povo, quando a felicidade e a igualdade eram relegados ao céu, a caridade devia ser uma instituição social.

No tempo da soberania do povo, do sufrágio universal, ela não é mais e não pode mais ser senão uma virtude privada. *Hélas*! Os vícios e as enfermidades da natureza humana sempre deixaram à fraternidade um vasto campo para se exercer; mas a miséria imerecida, aquela que, sob forma de doença, de salário insuficiente, de desemprego, envolve a imensa maioria dos homens laboriosos, de boa vontade, num círculo fatal em que eles se debatem em vão, esta miséria, nós o atestamos energicamente, pode desaparecer e desaparecerá. Por que esta distinção não foi feita por ninguém? Nós não queremos ser fregueses ou assistidos; nós queremos tornar-nos iguais; nós recusamos esmolas; nós queremos a justiça.

Não, nós não somos representados porque ninguém disse que o espírito de antagonismo se enfraquecia todos os dias nas classes populares. Esclarecidos pela experiência, nós não odiamos os homens mas queremos mudar as coisas. Ninguém disse que a lei sobre as coligações não era mais que um espantalho e que em vez de fazer cessar o mal ela o perpetuava, fechando qualquer saída para aquele que se crê oprimido.

Não, nós não somos representados porque na questão das câmaras sindicais uma estranha confusão se estabeleceu no espírito daqueles que as recomendaram: segundo eles, a câmara sindical seria composta de patrões e operários, da espécie de homens íntegros profissionais, árbitros encarregados de decidir, no dia a dia, sobre as questões que surgissem. Ora, o que nós queremos é uma câmara composta exclusivamente de operários eleitos pelo sufrágio universal, uma Câmara do Trabalho, poderíamos dizer, por analogia com a Câmara do Comércio, e se nos responde com um tribunal.

Não, nós não somos representados porque ninguém disse do considerável movimento que se manifesta nas classes operárias para organizar o crédito. Quem hoje sabe que 35 sociedades de crédito mútuo funcionam obscuramente em Paris? Elas contêm germes fecundos; mas teriam necessidade, para sua completa eclosão, do sol da liberdade.

Em princípio poucos democratas inteligentes contestam a legitimidade de nossas reclamações e ninguém nos nega o direito de fazê-los saber nós mesmos.

A oportunidade, a capacidade dos candidatos, a provável obscuridade de seus nomes, visto que eles seriam escolhidos entre os trabalhadores exercendo seu ofício no momento da escolha (e isto para bem determinar o sentido de sua candidatura), eis as questões que se levantam para concluir que nosso projeto é irrealizável e que além disso a publicidade nos faltará. Primeiramente nós mantemos que, após doze anos de paciência, o momento oportuno chegou; nós não saberíamos admitir que é preciso esperar as próximas eleições gerais, isto é, seis anos mais. Seriam necessários, por esta conta, dezoito anos para que a eleição de operários fosse oportuna, 21 anos desde 1848! Que melhores circunscrições se poderia escolher senão a 1ª e a 5ª? Já, mais que em qualquer outro lugar, devem se encontrar elementos de sucesso.

O voto de 31 de maio ressaltou de uma maneira incontestável em Paris a grande questão da liberdade. O país está calmo: não é nada sábio, político, testar hoje o poder das instituições livres que devem facilitar a transição entre a velha sociedade, fundada sobre o salariado, e a sociedade futura, fundada sobre o direito comum? Não é perigoso esperar os momentos de crise em que as paixões estão superexcitadas pela miséria geral?

O êxito das candidaturas operárias não seria de um efeito moral imenso? Ele provaria que nossas ideias são compreendidas, que nossos sentimentos de conciliação são apreciados; e que, finalmente, não se recusa mais fazer acontecer na prática o que se reconhecia justo em teoria.

Seria verdadeiro que os candidatos operários deveriam possuir estas eminentes qualidades de orador e de publicista que indicam um homem para a admiração de seus concidadãos? Nós não o pensamos. Seria suficiente que eles soubessem apelar para a justiça ao expor com retidão e clareza as reformas que demandamos. O voto de seus eleitores não daria, aliás, à sua palavra uma autoridade maior que o mais ilustre orador não possui? Saída do seio das massas populares, a significação destas eleições seria tanto mais gloriosa se os eleitos fossem na véspera os mais obscuros e mais ignorados. Finalmente, o dom da eloquência, o saber universal foram pois exigidos como condições necessárias dos deputados nomeados até este dia?

Em 1848 a eleição de operários na verdade consagrou a igualdade política; em 1864 esta eleição consagrará a igualdade social.

A menos que se negue a evidência, deve-se reconhecer que existe uma classe especial de cidadãos que tem necessidade de uma representação direta, visto que o recinto do corpo legislativo é o único local em que os operários poderiam digna e livremente exprimir seus desejos e reclamar para eles a parte de direitos de que desfrutam os outros cidadãos.

Examinemos a situação atual sem amargor e sem prevenção. O que a burguesia democrática quer que nós não queremos como ela com o mesmo ardor? O sufrágio universal livre de qualquer entrave? Nós o queremos. A liberdade de imprensa, de reunião, regidas pelo direito comum? Nós o queremos. A separação completa da Igreja e do Estado, o equilíbrio do orçamento, as isenções municipais? Nós queremos tudo isso.

Pois bem! Sem nossa ajuda a burguesia dificilmente obterá ou conservará estes direitos, estas liberdades que são a essência de uma sociedade democrática.

O que nós queremos mais especialmente que ela, ou, pelo menos mais energicamente, porque somos nisso mais interessados? A instrução primária, gratuita e obrigatória, e a liberdade de trabalho.

A instrução desenvolve e fortifica o sentimento de dignidade do homem, isto é, a consciência de seus direitos e de seus deveres. Aquele que é esclarecido apela para a razão e não para a força para realizar seus desejos.

Se a liberdade de trabalho não consegue servir de contrapeso à liberdade comercial nós veremos se constituir uma autocracia financeira. Os pequeno-burgueses, como os operários, logo serão somente seus servidores. Não é evidente hoje que o crédito, longe de se generalizar, tende, ao contrário, a se concentrar em poucas mãos? E o Banco da França não dá um exemplo de contradição flagrante de qualquer princípio econômico? Ele desfruta ao mesmo tempo do monopólio de emissão do papel-moeda e da liberdade de elevar sem limites a taxa de juros.

Nós o repetimos, sem nós a burguesia não pode estabelecer nada de sólido; sem nossa ajuda nossa emancipação pode ser retardada em muito tempo ainda.

Unamo-nos portanto num objetivo comum: o triunfo da verdadeira democracia.

Por nós difundidas e por ela apoiadas, as candidaturas operárias serão a prova viva da união séria e durável dos democratas, sem distinção de classe nem de posição. Nós seremos abandonados? Nós seremos forçados a perseguir isoladamente o triunfo de nossas ideias? Esperamos que não, no interesse de todos.

Resumindo-nos, para evitar qualquer mal-entendido: a significação essencialmente política das candidaturas operárias seria esta:

Fortificar, completando-a, a ação da oposição liberal. Ela solicitou nos termos os mais modestos o essencial das liberdades. Os deputados operários solicitarão o essencial das reformas econômicas.

Tal é o resumo sincero das ideias gerais emitidas pelos operários no período eleitoral que precedeu o 31 de maio. Nesse momento a candidatura operária teve numerosas dificuldades a vencer para se apresentar. Pôde-se também acusá-la, não sem alguma razão, de tardia. Hoje o terreno está livre e, como na nossa opinião a necessidade das candidaturas operárias está ainda mais demonstrada pelo que se passou desde esta época, nós não hesitamos em tomar a dianteira para evitar a injúria que nos foi feita nas últimas eleições.

Nós colocamos publicamente a questão a fim de que no primeiro dia do período eleitoral o acordo seja mais fácil e mais rápido entre aqueles que partilham nossa opinião. Dizemos francamente o que nós somos e o que queremos.

Nós desejamos o dia claro da publicidade e apelamos aos jornais que sofrem o monopólio criado pelo fato da autorização prévia; mas estamos convencidos de que eles terão a honra de nos dar hospitalidade, de também testemunhar em favor da verdadeira liberdade, facilitando-nos o meio de manifestar nosso pensamento mesmo quando não o partilhem.

Nós apelamos com todas as nossas preces pelo momento da discussão, do período eleitoral, do dia em que as profissões de fé dos candidatos operários estarão em todas as mãos, em que eles estarão prontos a responder a todas as questões. Nós contamos com a ajuda daqueles que então estarão convencidos de que nossa causa é a da igualdade, indissoluvelmente ligada à da liberdade, numa palavra, a causa da justiça.

(seguem as sessenta assinaturas)

NADA DE CANDIDATOS!

Carta de Proudhon aos operários*
                    Passy, 8 de março de 1864.

Aos operários:
Cidadãos, vós me perguntais o que penso do *Manifesto dos Sessenta* operários que apareceu nos jornais? Vós desejais sobretudo saber se, após terem se pronunciado em maio último contra toda espécie de candidatura, vós deveis perseverar nesta linha ou apoiar, em razão das circunstâncias, a eleição de um camarada digno de vossas simpatias. Eu não esperava, confesso-o, ser consultado por quem quer que fosse sobre semelhante questão. Achava o movimento eleitoral enfraquecido e não pensava, em meu isolamento, senão em diminuir, no que pudesse depender de mim, os seus efeitos deploráveis. Mas já que, por considerações que me parecem totalmente pessoais, vossa confiança em minha opinião achou dever, por assim dizer, me convocar, não hesito de modo algum em responder a vossa questão, tanto menos porque meu pensamento não saberia ser outra coisa senão a interpretação do vosso.

Certamente eu me alegro com o despertar da ideia socialista; pois quem, neste momento, em toda a França, teria mais direito de se alegrar do que eu? Certamente eu penso, convosco e com os Sessenta, que a classe operária não é representada e que ela o deve ser: como poderia eu professar outra opinião? A representação operária não é, hoje como em 1848, do

---
* O título é nosso. O texto foi extraído da Correspondence, XIII, p. 247-266.

ponto de vista legislativo, político e governamental, a afirmação do socialismo?

Dizem-vos que desde 89 não há mais classes; que a ideia das candidaturas operárias tende a restabelecê-las; que, se se pode admitir a título de candidato um operário, como se admite um marinheiro, um engenheiro, um cientista, um jornalista, um advogado, é enquanto o dito operário será, como seus colegas, a expressão da sociedade e não de uma classe particular; que além disso a candidatura deste operário teria um caráter retrógrado, antiliberal, perigoso mesmo, pelas suspeitas, os alarmes, a hostilidade que ela faria nascer na classe burguesa.

É assim que argumentam, sem mesmo se aperceber de que eles se contradizem, os adversários do *Manifesto*. Mas é, segundo penso, justamente por seu caráter de especialidade e como manifestação de uma classe ou casta, eu não recuo diante da palavra, que a candidatura operária tem valor: fora disso ela perderia toda significação.

Como! Não é verdade que, apesar da Revolução, a sociedade francesa se divide fundamentalmente em duas classes: uma, que vive exclusivamente de seu trabalho e cujo salário geralmente está abaixo dos 1.250 francos por ano e por família de quatro pessoas, soma que suponho ser a média aproximada do produto da nação; a outra, que vive de outra coisa mais que seu trabalho, quando trabalha, que vive de renda de suas propriedades, de seus capitais, de suas dotações, pensões, subvenções, ações, gratificações, honras e benefícios? Não é verdade, deste ponto de vista da repartição das riquezas e dos produtos, que existe entre nós, como antigamente, duas categorias de cidadãos, vulgarmente chamados burguesia e plebe, capitalismo e salariado? Mas toda nossa política, nossa economia política, nossa organização industrial, nossa história, nossa literatura, nossa sociedade repousam sobre esta diferença que somente a má-fé e uma ridícula hipocrisia parecem negar.

A divisão da sociedade em duas classes, uma de trabalhadores assalariados, a outra de proprietários-capitalistas-empresários, sendo portanto efetivamente indubitável, a consequência não deve surpreender ninguém; é que sempre se teve de questionar se esta diferença existia também de direito; se ela estava nos dados da natureza, conforme à justiça; se não seria possível fazê-la acabar, isto é, operar a fusão das classes; em duas palavras, se, por uma melhor aplicação das leis da justiça e da economia, não se chegaria a abolir uma distinção funesta que todo homem de coração gostaria de ver aniquilada?

Esta questão, que não é nova, é o que em nossos dias se chamou de questão social; o socialismo não contém nada mais do que isso.

Pois bem! O que dizem os Sessenta? Eles, de sua parte, estão convencidos de que a questão social pode ser resolvida no sentido afirmativo; eles observam, com moderação e firmeza, que há bastante tempo ela foi tirada da ordem do dia e que chegou o momento de retomá-la; a este respeito eles colocam, como sinal ou garantia desta retomada, a candidatura de um dentre eles; que em razão de sua qualidade de operário e precisamente porque ele é operário, eles acreditam poder representar melhor que ninguém a classe operária.

E acusa-se estes homens de visar o restabelecimento de castas? Querer-se-ia eliminá-las da representação nacional como retrógradas e, professando opiniões perigosas, vai-se até a denúncia de seu *Manifesto* como uma inicitação à vingança dos cidadãos uns contra os outros! A imprensa fulmina, a pretensa oposição democrática faz divulgar seu descontentamento, grita-se pela inoportunidade, pela imprudência, que sei? Denuncia-se à polícia! Pergunta-se, com uma inclinação para o supremo desdém, se os Sessenta têm pretensão de conhecer melhor seus interesses e seus direitos, de melhor defendê-los do que J. Favre, E. Ollivier, Marie, Pelletan, J. Simon etc.?*

Zombaria.

Portanto eu estou, até aqui pelo menos, de acordo convosco, cidadãos, e com os Sessenta, e vos sou grato por não ter suposto um único instante que eu pudesse estar com outro sentimento que não o vosso. Sim, a diferença de classes de nossa França democrática existe de fato e não está de todo provado que este fato seja fundado em direito, embora não seja lugar aqui de imputá-lo a ninguém. Sim, a representação nacional foi até o presente, exceto em 1848, o privilégio de uma destas classes; e, a menos que os representantes emanados da supracitada classe se engajem em pouco tempo a operar a demandada fusão, a justiça, o senso comum, o sufrágio universal exigem que a segunda destas classes seja representada como a outra, proporcionalmente ao índice de sua população. Ao levantar tal pretensão os Sessenta não fazem de maneira alguma uma injúria à

---

* Jules Favre (1809-1880), um dos líderes da oposição liberal sob o Segundo Império. Emille Ollivier (l825-1913), idem, depois chefe de governo do Império dito liberal entre 1867-1870. Pierre Marie (l795-1870), antigo membro do governo provisório em 1848 e organizador das oficinas nacionais. Jules Simon (l814-1896), filósofo e político liberal.

burguesia, não a ameaçam, colocam-se em relação a ela como os filhos mais novos diante de seus irmãos mais velhos.

(...) Tal linguagem, tão franca quanto modesta, tem de tranquilizar os mais tímidos; e a burguesia, a classe média sobretudo, estaria mal aconselhada se se alarmasse. Que ela o saiba ou o ignore, seu verdadeiro aliado, seu salvador, é o povo. Que ela reconheça portanto de boa graça o direito dos operários à representação nacional e isto, eu o repito, não simplesmente como cidadãos e embora operários, mas sim porque operários e membros do proletariado.

Isto posto, passo à segunda questão. Trata-se de saber se, nestas circunstâncias atuais, o exercício do direito à elegibilidade é para a classe operária o melhor meio de chegar às reformas sociais que ela solicita, se uma semelhante conclusão do *Manifesto* não vai contra o objetivo a que se propõem seus autores, se ela não está em contradição com seus princípios; numa palavra, o que o socialismo pôde fazer em 1848 sem falhar em sua dignidade e em sua fé, ele o pode fazer sob o regime atual? Homens importantes na democracia, de que ninguém jamais suspeitou de pactuar com o inimigo, que se abstêm de votar em suas pessoas, acreditaram entretanto dever, por simpatia pela classe operária e para testemunhar a sua distância de uma oposição que esqueceu seus princípios, não combater a resolução dos operários e desejar boa sorte às suas candidaturas. Eu lamento, mesmo considerando os sentimentos que partilho, não poder fazer tal concessão e sobre este ponto me separar dos Sessenta.

Consideramos que o governo imperial, introduzido por um golpe de Estado, encontrou a principal causa de seu sucesso na derrota da democracia vermelha e socialista, que ainda hoje tal é a sua razão de ser, que ele jamais a perdeu de vista em sua política, que nada indica, na hora presente, que tenha a vontade e mesmo o poder de mudar. Sob este governo, a feudalidade financeira e industrial, preparada com todos os cuidados durante os 33 anos da Restauração e da monarquia de julho, completou sua organização e se estabilizou. Ela sustentou o Império, que lhe pagou com sua proteção. As grandes companhias formaram sua coligação: a classe média, verdadeira expressão do espírito francês, viu-se progressivamente retrogradada para o proletariado.

A República, ao estabelecer o sufrágio universal, deu à Democracia um momento de efervescência; mas logo a aristocracia conservadora energicamente se restabeleceu, e quando aconteceu o golpe de Estado pôde-se dizer que o poder pertencia de antemão àquele que melhor servira à reação contra as ideias socialistas. Podemos dizer, visto isso, que sob o regime que nos aconteceu desde 1852, nossas ideias, senão nossas pessoas, foram colocadas, por assim dizer, fora da política, fora do governo, fora da lei. O emprego da imprensa periódica, mantido para os velhos partidos, só foi recusado para nós. Se às vezes uma proposição inspirada em nossos princípios foi apresentada ao poder, ela logo sucumbiu, e disso conheço alguma coisa, sob a repulsão de interesses contrários.

Em presença de um estado de coisas em que destruir-nos é salvar a sociedade e a propriedade, que podemos fazer a não ser aceitar silenciosamente nossa reprovação e, visto que o governo deixou se impor esta condição draconiana, nos separar radicalmente dele? Entrar em seu sistema, onde estamos certos de reencontrar todos os nossos inimigos, antigos e novos, aliados ou não ao Império, pessoas do ministério e pessoas da oposição, aceitar as condições juramentadas, fazer-nos representar no corpo legislativo, isto seria um contrassenso, um ato de infâmia! Tudo o que, segundo a lei existente, nos é permitido fazer é protestar nos grandes jornais eleitorais através do conteúdo negativo de nossos comunicados. Não perdi isto de vista, que, no sistema de opressão que pesa sobre a democracia, não é tal medida financeira, tal empreitada, tal despesa, tal aliança, tal tratado, tal política, tal lei que nós temos de discutir: para isso não se espera nada de nós; nossa opinião é de antemão reputada *non grata*. Semelhantes debates são próprios da oposição constitucional, amiga ou inimiga. Porque todas as opiniões, excetuadas as nossas, podem ter lugar na Constituição; vós duvidais disso após este clamor que se ergueu em toda parte com a publicação do *Manifesto*? Ora, para nos afirmar em nosso separatismo nós não temos necessidade nem de representantes, nem de candidatos, é-nos preciso, nos termos da lei, somente esta única palavra, *veto*, a fórmula mais enérgica que o sufrágio universal pôde descobrir.

Precisamos nosso pensamento por alguns exemplos:

Nós podemos, pela boca, pela pena, pela mão de homens verdadeiramente nossos, prestar juramento à Constituição de 1852, à qual vemos todos os nossos inimigos, legitimistas orleanistas ex-republicanos, clericais, sucessivamente, prestar juramento? Não, nós não o podemos, visto que este juramento, ofensivo à nossa dignidade, incompatível com nossos princípios, implicaria de nossa parte, mesmo que como tantos outros após tê-lo prestado permanecêssemos inimigos pessoais do imperador, uma apostasia. A Constituição de 93, ao fundar a soberania do povo, aboliu o juramento cívico exigido pela Constituição de 91, e que se resumia nestes três termos: a Nação, a Lei, o Rei. Que Napoleão siga este exemplo, nós veremos depois. Por enquanto, nada de representantes, nada de candidatos!

Há os que dizem que o juramento imposto aos deputados não tem valor; que ele não obriga aquele que o jura, desde que ao jurar ele entenda prestar juramento, sob o nome do imperador, à nação; que, finalmente, o juramento não implica de modo algum adesão à política imperial. Enfim, não cabe aos leitores embaraçar-se com este escrúpulo que só diz respeito aos candidatos. Antigamente os jesuítas possuíam sozinhos o segredo de aliviar as consciências; este segredo teria passado para a Escola Normal? Semelhantes moralistas, qualquer que seja a fama de virtude que se lhes faça, devem ser reputados pela democracia socialista como os mais infames dos humanos. Portanto, nada de representantes, nada de candidatos!

Falei há pouco do monopólio da imprensa periódica instituído e dirigido especialmente contra nós. Sabemos, pelo resultado das eleições de maio, o que nos custou ter convivido com ele durante uma semana. Vós acreditais que seria suficiente suprimir a autorização ministerial para que este monopólio fosse abolido? Estaríeis redondamente enganados. Nós não queremos nem muito nem pouco de um regime que há doze anos deprava nossos costumes políticos, deturpa as ideias e engana a opinião. Autorizar por seis meses, por um dia, pela eleição de um deputado, uma tal corrupção do espírito público seria nos declarar cúmplices desta corrupção, indignos de alguma vez tomar a palavra. Portanto, nada de representantes, nada de candidatos!

Nós não queremos as condições nas quais se exerce o sufrágio universal, e por quê? Não é somente porque os grupos naturais de população foram subvertidos por circunscrições arbitrárias; deixamos aos competidores do regime imperial o encargo de se lastimar até que eles o imitem. Também não é pela intervenção administrativa. Nos comícios chamados a decidir a sorte do governo, aqueles que gritam mais alto contra esta intervenção têm o cuidado de dizer que no lugar dos ministros eles não renunciariam. É sobretudo porque, com o monopólio de uma imprensa enfeudada, com os preconceitos de centralização reinantes, com a raridade e a insuficiência das convocações, com as duplas, as triplas, as quíntuplas e as décuplas candidaturas; com este absurdo princípio tão caro aos frequentadores de eleições, um verdadeiro representante da França deve ser estranho a seus eleitores; com a confusão de categorias, de opiniões e de interesses, as coisas encontram-se combinadas de maneira a sufocar o espírito democrático em suas manifestações corporativas e locais, assim como suas manifestações nacionais, a cortar a palavra das multidões, reduzidas aos balidos de rebanhos, à falta de ter aprendido a se declarar e a produzir seu verbo.

Exigir a emancipação da plebe e aceitar em nome da plebe um tipo de eleição que termina exatamente por torná-la facciosa ou muda. Que contradição! Portanto, nada de representantes, nada de candidatos!

Observai, cidadãos, que em tudo isto somente faço política, que evito de propósito as considerações econômicas e sociais. Quantas razões novas eu destacaria contra esta fantasia de candidaturas, que com certeza não foi apoderada pelo povo, se nós pudéssemos lhe explicar no momento oportuno esta proposição de que vós começais, sem dúvida, a entrever a verdade: que uma coisa é um voto de oposição e outra um voto de protesto, uma um voto constitucional, juramentado, marcado pelo timbre ministerial, outra um voto democrático e social. Em maio de 1863 o povo acreditou votar por si mesmo e como soberano; votou somente para seus patrões e como indivíduo. Além disso, eu sei que a esta hora vós não tendes mais ilusão; os candidatos operários, se estou bem informado, o declaram eles mesmos. Para que servem, então, os representantes? Para que servem os candidatos?

Tudo o que se fez desde 24 de novembro de 1860, no governo e na oposição, indica um retorno ao regime de 1830, modificado somente pela substituição do título de imperador pelo de rei e da dinastia dos Bonaparte pela dos Orléans. Descartando a questão dinástica, de que não temos de nos ocupar, podemos nós, democratas, dar as mãos a esta mudança? Isto seria mentir a nosso passado, adorar aquilo que nos apaixonou, apaixonar-nos por aquilo que adoramos. Ora, é o que não pode deixar de acontecer se nós nos fazemos representar num corpo legislativo, numa oposição em três quartos aliada à ideia da monarquia constitucional e burguesa. Portanto, nada de representantes, nada de candidatos!

Entre os operários, muitos não percebem claramente estas incompatibilidades profundas entre o regime político, presente ao próximo, no qual se lhes propõe entrar, e suas aspirações democráticas e sociais. Eis o que lhes fará ver claramente a coisa:

É de princípio, num país transtornado como o nosso pelas revoluções, que os governos que se sucedem, mesmo mudando as máximas, permanecem, frente a terceiros, solidários uns dos outros, e aceitam por seu turno as tarefas que lhes impõe esta terrível herança. Ora, é uma condição que, em tal circunstância, estamos proibidos de suportar. Nós não podemos, nós, os proscritos de 1848, 1849 e 1852, aceitar os compromissos, as transações e todos os atos de poder criados com vistas ao nosso extermínio. Isto seria trair a nós mesmos e é conveniente que o mundo o saiba. A dívida pública, consolidada e flutuante, capitalizada a 3%, chega neste momento a 14 bilhões e 600 milhões.

Tal é a expressão financeira dos encargos acumulados desde 1789 e que foram legados sucessivamente a nossos governos. É o resultado mais claro e nítido de nossos sistemas políticos, o mais belo título para a admiração da posteridade de 75 anos de regime conservador e burguês. Nós aceitaríamos, em tal circunstância, a responsabilidade desta dívida até 24 de junho de 1848; mas estamos no direito de rejeitá-la desde esta época. E, como não se admitiria que a nação abrisse falência, caberia à burguesia saldar o resto. Caberia a ela tomar as providências. Portanto, cidadãos, nada de representantes, nada de candidatos!

Há no *Manifesto dos Sessenta* uma palavra infeliz. Em política eles se declaram de acordo com a oposição; concessão exorbitante, inspirada pelo pensamento generoso, de cobrir, ao menos em parte, o abismo que separa a democracia de seus representantes e que é preciso atribuir aos entusiasmos da pena. Nós, sinceramente, não podemos mais estar satisfeitos com a política da oposição do que com suas ideias econômicas e sociais; como, se estas são falsas, aquela não seria sem mácula? A política da oposição não são as censuras forçadas que os partidos se dirigem mutuamente sobre seus atos, tais como a expedição do México, o estado da Algéria, o aumento do orçamento etc.; não são as demonstrações banais em favor da liberdade, das lamentações filantrópicas, dos suspiros em relação à Polônia, uma adesão mais ou menos explícita ao tratado de comércio. Sobre todos estes pontos de puro detalhe teríamos a fazer, contra as críticas da oposição, importantes reservas, não somente como socialistas e comunistas mas como políticos e democratas.

A política da oposição é antes de tudo seu antissocialismo declarado, que fatalmente a alia ao pensamento reacionário contra nós. Marie e Jules Favre nos disseram, por ocasião da discussão da *Mensagem*, com um tom para nunca se esquecer: "Nós não somos socialistas!". A estas palavras, a Assembleia inteira explodiu em aplausos; nenhuma voz de protesto se fez ouvir. Estamos portanto autorizados a dizer que, sobre o princípio mesmo de sua política, os membros da pretensa oposição democrática estão de acordo com o governo; eles são mais antissocialistas do que o próprio governo; como não seriam eles um dia os ministros?

A política da oposição é seu amor ao parlamentarismo que a reconduzirá, quer queira quer não, de acordo com a maioria imperialista, ao sistema de 1830; é sua paixão centralizadora e unitária que, apesar de suas declarações sobre as liberdades municipais, bajulação ao *Manifesto dos Parisienses*, se traiu em todos os seus discursos. Uma alta centralização somente pode, lembrai-vos disso, satisfazer as altas ambições e vós vos apercebereis disso se alguma vez, para a infelicidade da França, os homens da oposição forem chamados a governar por sua vez esta centralização tão prezada.

A política da oposição é seu juramento constitucional dinástico: é a solidariedade aceita por ela, que não foi só pelo pagamento de subsídio de deputado, nos atos do governo; são os cumprimentos, os elogios, os agradecimentos que ela mistura a suas críticas, o papel que ela desempenha em seus sucessos e em suas glórias.

A política da oposição é sua conduta nas eleições de maio de 1863. Então nós a vimos, após haver usurpado a ditadura do escrutínio, violentar os sufrágios, recomendar em toda a parte as candidaturas mais inconciliáveis com o espírito da Revolução, mostrar-se mais intrigante, mais tirânica, mais corrupta que a administração sobre a qual, para se justificar, ela se esforçou em seguida para desviar a repreensão pública. Ah! As eleições de maio e junho de 1863, feitas por uma oposição que se apresentava como puritana, estas eleições absolveram o voto de dezembro de 1851: vós haveis refletido sobre isso, cidadão?

Eis o que é a política da oposição. E vós lhe enviareis colegas? Não, não! Nada de representantes, nada de candidatos!

Àqueles que agora nos censurariam por parar o *élan* popular e que ainda teriam a coragem de exaltar o título que eles se concederam, há nove meses, de homens de ação, eu replicaria que os inativos, os inertes, os embusteiros são eles mesmos, eles, que a bela disciplina tão bem serviu os objetivos da reação e faz perder de um só golpe à democracia trinta anos de virtude cívica, de sacrifícios e de propaganda. Portanto, o que produziu esta ação rigorosa?

1. Declaração estrondosa de Marie e Jules Favre: "Nós não somos socialistas!". Sim! Vossos representantes vos renegaram, vos negaram, como em 1848; eles vos declaram a guerra e vós vos felicitais por vossa ação! Vós esperais que eles vos cuspam no rosto?

2. Resultado deplorável do juramento. A democracia conduzida por seus novos tribunos, se imaginou loucamente que o juramento de obediência a Napoleão III e de fidelidade à Constituição de 1852 só podia ser na boca de seus representantes um sublime perjúrio. Ela se entusiasmou com esta ideia e se enganou miseravelmente. Nossos deputados juramentados não tiveram mais a coragem de violar seu juramento, só de mantê-lo. Vós os vedes fazer rodeios, ceder, navegar nas águas da traição e da fidelidade? Traidores da democracia quando se aproximam do Império, traidores do Império quando se aproximam da democracia. Conselheiros privados e comensais de Sua Majestade são ainda os mais honestos, os menos tartufos. Graças entretanto a esta política, a Restauração do sistema orleanista, sob a pilotagem de Thiers, se desenvolve a olhos vistos. Thiers e seus amigos, colocando em princípio a monarquia como essencial para a organização do poder e declarando-se, em virtude do mesmo princípio, indiferentes à escolha da dinastia, simples questão de pessoas, segundo eles, estão aqui perfeitamente à vontade. Nada os impede de prestar juramento e quanto mais Napoleão III lhes fornecer a ocasião de mantê-lo, mais eles ficarão satisfeitos.

Por isso, desde a prestação de todos estes juramentos, de uma significação tão alta, tão positiva junto aos orleanistas, mas que o país só vê com desgosto junto aos democratas, o partido da monarquia constitucional e parlamentar se reergueu completamente; apoiado pela fração mais considerável e mais esclarecida do bonapartismo, acreditou-se certo da vitória; ele conquistou sobre o partido republicano a única vantagem que lhe restou desde 1852, vantagem da lógica e da honestidade política.

3. Conclusão desta lamentável intriga: a democracia, cuja preponderância devia ser definitivamente estabelecida pelo escrutínio de 1864, proclamada um instante após a eleição dos nove como soberana, não conta mais agora, e até nova ordem, senão como instrumento de uma efêmera reconciliação política. Devemos empenhar de hoje em diante nosso esforço em nossa deixa contra esta reconciliação.

Para nós, que ousamos qualificá-los de inertes, de puritanos, de melindrosos, de eunucos, porque se sabia que não podíamos responder, eis o que nós fizemos e o que ganhamos. Nosso sucesso foi muito bonito para que nós nos desencorajássemos.

Primeiramente nós nos dissemos:

"Nós conhecemos de vontade própria, anteriormente à Constituição de 1852, a faculdade eleitoral.

"Nós temos o direito de votar ou não votar.

"Se votamos, é-nos permitido optar entre o candidato da administração e o da oposição, como também protestar contra um e outro, escolhendo um candidato de cor oposta a todos os dois (é o que propõem os autores do *Manifesto*).

"Nós temos o direito, enfim, de protestar contra qualquer espécie de eleição, seja pelo depósito de votos brancos, seja votando em um cidadão que não reuniria todas as condições de elegibilidade, que, por exemplo, não teria prestado juramento, se julgarmos que a lei eleitoral, tal como se a pratica, não oferece garantias suficientes ao sufrágio universal ou por qualquer outra razão."

A questão estava então em saber qual seria para nós a maneira mais útil de votar. Aqueles que pretenderam que o voto devia ser necessariamente designativo de um candidato, que o sufrágio universal era por si mesmo desprovido de significação e que ele retirava todo seu valor da escolha de um homem, aqueles, se impuseram ao público, eles mentiram.

Nós decidimos então pelo voto de protesto, através do voto branco ou semelhante, e tal é o resultado que obtivemos:

Sobre 64 departamentos de que nós pudemos fazer o levantamento, houve 63 mil protestos, de que 4.556 por Paris, e, fazendo a proporção, cerca de 90 mil pela França.

Nós teríamos contado 100 mil em Paris e um milhão nos 89 departamentos se nos tivesse sido permitido fazer ouvir a nossa voz e explicar nosso pensamento.

Estes votos disseminados tiveram o poder de fazer malograr várias candidaturas da chamada oposição democrática. Eles teriam feito malograr todas e o governo seria mantido só, com seus eleitos, em face da democracia protestante, se a imprensa do monopólio não houvesse abafado nossa voz.

Vós acreditais que estes 90 mil votantes, que, apesar de seu silêncio forçado, apesar da calúnia, apesar do entusiasmo popular, sem ter podido se comunicar e se ouvir, souberam se manter e, por seu protesto, conservar a inviolabilidade da democracia, sejam uma minoria sem virtude? Acreditais que este partido, em aparência fraco por seu número, não tem energia? Nós éramos vinte e nosso grito foi ouvido através da algazarra da oposição por 90 mil homens. Supondes que os 153 mil da capital, que votaram nos nove, tivessem protestado a nosso exemplo, acreditai que este protesto tivesse menor efeito que as arengas com que nos regalou a oposição? Que dizeis disso, no presente, cidadãos?

Será que diante do veto de 160 mil eleitores, aumentados de uma parte dos 86 mil que pura e simplesmente se abstiveram, os candidatos da administração, com seu total de 82 mil votos, se vangloriariam de representar a capital? Nós seríamos menos instruídos sobre o estado de nossas finanças, sobre a situação europeia, sobre as influências eleitorais e sobre tantas outras coisas de que o governo e seus amigos nos falam tão de boa vontade, porque não teríamos escutado os arrazoados de uma meia dezena de advogados? Não valeria mil vezes mais, para a honra da democracia e por seu futuro, ter deixado o governo discutir com seus próprios representantes, lavar sua roupa suja em família, como dizia Napoleão I, do que ter poluído nossa consciência, até lá pura de juramento?

Democratas, vossa conduta está traçada. Uma reação cega tenta, há quinze anos, lançar-vos fora do direito, fora do governo, fora da política. A situação que vos está arranjada não foi vós que a criastes; ela é o resultado da conjuração dos velhos partidos. Um mesmo pensamento os governa e este pensamento é incompatível com a realização desta justiça, política, econômica e social, que vós exigis com vossos votos. Um mesmo juramento os une, símbolo de sua aliança, rede esticada pela vaidade e pelo zelotismo dos democratas. Não é vossa culpa se, proibidos de sua comunhão, vos condenastes a usar represálias para com eles. É por isso que lhes digo com toda energia e com toda a tristeza de minha alma: separai-vos de quem primeiro se separou, separai-vos, como antigamente o povo romano se separou de seus aristocratas. É com a separação que vós vencereis; nada de representantes, nada de candidatos!

Pois quê! Após ser declarados os iguais da burguesia, os depositários da nova ideia, a esperança das gerações futuras; após ter revelado ao mundo a imensidão de vossos destinos, vós não imaginaríeis nada de melhor do que retomar desde o começo estas velhas instituições burguesas que o próprio governo vos denunciou cem vezes a inutilidade e as corrupções! Vós inventais doutrina, balança representativa, parlamentagem! Quando poderíeis ser originais, vós vos faríeis servilmente copistas. Não há, acreditai-me, senão uma conclusão lógica ao *Manifesto dos Sessenta*; é que a democracia operária declare, por seu voto, que ela renega a oposição e que ela renuncia, até tempos melhores, não a votar, mas a se fazer representar. Com o *Manifesto*, a democracia operária se apresentou como nobre; com a eleição de um representante vós cairíeis na fileira dos livres. Existe entre vós um homem excepcional? Votai para ele uma coroa cívica, não o faça um prostituído, não o faça um candidato.

Para mim, creio não ter necessidade de dizê-lo, persisto em minhas resoluções.

Não tivesse eu outro motivo de perseverança senão a lembrança dos acontecimentos nos quais fui envolvido, das coisas de que tomei parte, das esperanças que contribuí para incitar, pelo respeito e pela memória de tantos cidadãos que sofreram e morreram, desde 1848, pelo triunfo das liberdades populares, que conheci nas prisões e no exílio, eu me recusaria a qualquer transação e diria: nada de representantes, nada de candidatos!

Cidadãos, saúdo-os fraternalmente.

Pierre-Joseph Proudhon

Contra o "comunismo"*

Proudhon declara-se aqui, retrospectivamente, contra o tipo de socialismo estatal e "comunista" que Louis Blanc pregou durante a Revolução de 1848, na chamada Comissão de Luxemburgo**.

A soberania coletiva

O sistema de Luxemburgo, no fundo o mesmo que os de Cabet, de R. Owen, dos Moraves, de Campanella, de Morus, de Platão***, dos primeiros cristãos etc., sistema comunista, governamental, ditatorial, autoritário, doutrinário, parte do princípio de que o indivíduo é essencialmente subordinado à coletividade; que somente dela ele obtém seu direito e sua vida; que

---

* Excertos de *De la Capacité Politique des Classes Ouvrières*, 1864.

** Após uma manifestação da mestrança da Câmara Municipal, em 28 de fevereiro de 1848, o governo provisório instituíra uma "Comissão de Governo para os Trabalhadores", sediada no Palácio de Luxemburgo e presidida por Louis Blanc, que reunia aí os representantes dos patrões e dos operários. A Comissão se manteve de 1o de março a 16 de maio. Ela chegou à redação de um plano de organização do trabalho e preparou decretos sociais que foram em seguida promulgados pelo governo provisório.

*** Robert Owen (l771-1858), socialista "utópico" inglês, promotor das primeiras cooperativas de produção e de consumo. Os moraves, seita religiosa que se formou na metade do século XV, na Boêmia, se caracterizavam por um ascetismo bastante rigoroso, propondo-se, ao se separar do mundo, viver na caridade e santidade. Campanella (l568-1639), filósofo italiano, autor da *Cidade do Sol*. Thomas Morus (l478-1535), grande chanceler da Inglaterra, autor da *Utopia*, romance político e social. Platão (420-347 a.C.), autor, entre outros, dos diálogos: *A República* e *As Leis*.

o cidadão pertence ao Estado como a criança à família; que ele está em seu poder e posse, *in manu*; e que lhe deve submissão e obediência em tudo.

Em virtude deste princípio fundamental da soberania coletiva e da subordinação individual, a escola de Luxemburgo tende, na teoria e na prática, a remeter tudo ao Estado ou, o que dá no mesmo, à comunidade: trabalho, indústria, propriedade, comércio, instrução pública, riqueza, assim como a legislação, a justiça, a polícia, as obras públicas, a diplomacia e a guerra, para em seguida o todo ser distribuído e repartido, em nome da comunidade ou do Estado, a cada cidadão, membro da grande família, segundo suas aptidões e suas necessidades.

O primeiro movimento, o primeiro pensamento da democracia trabalhadora, ao buscar sua lei e ao se colocar como antítese à burguesia, deveria voltar-se contra estas suas próprias máximas: à primeira vista d'olhos, é isto que se deduz do exame do sistema comunista.

Qual é o princípio fundamental da antiga sociedade, burguesa ou feudal, revolucionada ou de direito divino? É a autoridade, seja que se a faça vir do céu ou seja que se a deduza, com Rousseau, da coletividade nacional. Da mesma maneira, assim disseram e assim fizeram os comunistas. Eles submetem tudo à soberania do povo, ao direito da coletividade; sua noção de poder ou de Estado é absolutamente a mesma da de seus antigos senhores. Que o Estado seja intitulado de império, de monarquia, de república, de democracia ou de comunidade é evidentemente sempre a mesma coisa. Para os homens desta escola, o direito do homem e do cidadão depende inteiramente da soberania do povo; sua própria liberdade é dela uma espécie de emanação. Os comunistas de Luxemburgo, os de Icarie etc. podem de consciência tranquila prestar juramento a Napoleão III: sua profissão de fé está de acordo, quanto ao princípio, com a Constituição de 1852; ela é até muito menos liberal.

O "COMUNISMO": UM ESTATISMO AGRAVADO

(...) A propriedade permanecia sempre uma concessão do Estado, único proprietário natural do solo, como representante da comunidade nacional. Assim fizeram também os comunistas: para eles o indivíduo foi suposto, em princípio, ter do Estado todos seus bens, faculdades, funções, honras, mesmo talentos etc. Não existiu diferença senão de aplicação. Por razão ou por necessidade, o antigo Estado encontrava-se mais ou menos tomado; uma multidão de famílias, nobres e burguesas, saíram mais ou menos da indivisão primitiva e formaram, por assim dizer, pequenas soberanias no seio de uma maior.

O objetivo do comunismo foi de fazer retornar no Estado todos estes fragmentos de seu domínio; de modo que a revolução democrática e social, no sistema de Luxemburgo, não seria, do ponto de vista de princípio, senão uma restauração, o que quer dizer um retrocesso.

Assim, como um exército que tomou os canhões do inimigo, o comunismo não fez outra coisa senão voltar contra o exército de proprietários sua própria artilharia. Sempre o escravo imitou o senhor (...).

Da associação

Como meio de realização, independentemente, da força pública de que ele ainda não podia dispor, o partido de Luxemburgo afirmava e preconizava a associação. A ideia de associação não é nova no mundo econômico; além disso, são os Estados de direito divino, antigos e modernos, que fundaram as mais poderosas associações e delas deram as teorias. Nossa legislação burguesa (códigos civil e comercial) dela reconhece vários gêneros e espécies. Que acrescentam a isso os teóricos de Luxemburgo? Absolutamente nada. De início a associação foi para eles uma simples comunidade de bens e de lucros (art. 1.836 e seguintes); às vezes fez-se dela uma simples participação ou cooperação, ou bem uma sociedade em nome coletivo e comandita.

Mais frequentemente entendeu-se por associações operárias poderosas e numerosas companhias de trabalhadores subvencionadas, comanditadas e dirigidas pelo Estado, atraindo a elas a multidão operária, monopolizando os serviços e as empresas, invadindo toda indústria, toda cultura, todo comércio, toda função, toda propriedade, abandonando os estabelecimentos e explorações privadas; aniquilando, esmagando em torno delas toda ação individual, todo domínio distinto, toda vida, toda liberdade, toda fortuna, absolutamente como fazem em nossos dias as grandes companhias anônimas.

A pretensa ditadura das massas

É assim que, nas concepções de Luxemburgo, o domínio público devia levar ao fim de toda propriedade; a associação desencadear o fim de todas as associações distintas ou sua absorção numa única; a concorrência voltada contra ela mesma deveria conduzir à supressão da concorrência; a liberdade coletiva, enfim, englobar todas as liberdades corporativas, locais e particulares.

Quanto ao governo, a suas garantias e a suas formas, a questão era tratada como consequência: tanto como a associação e o direito do homem, ela não se distinguia por nada de novo; era sempre a antiga fórmula, salvo o exagero comunista. O sistema político, segundo a teoria de Luxemburgo, pode se definir: uma democracia compacta, fundada na aparência sobre a ditadura das massas, mas onde as massas não têm poder senão aquele que é necessário para assegurar a servidão universal, segundo as fórmulas e máximas seguintes, emprestadas ao antigo absolutismo:

Indivisão do poder;

Centralização absorvente;

Destruição sistemática de todo pensamento individual, corporativo e local, reputado dissidente;

Polícia inquisitorial;

Abolição ou pelo menos restrição da família, tanto mais da hereditariedade.

O sufrágio universal organizado de maneira a servir de sanção perpétua a esta tirania anônima, pela preponderância de indivíduos medíocres ou mesmo nulos, sempre em maioria, sobre os cidadãos capazes e os caráteres independentes, declarados suspeitos e naturalmente em pequeno número. A escola de Luxemburgo declarou-o bem alto: ela é contra a aristocracia das capacidades.

Da espontaneidade

O que importa destacar nos movimentos populares é a sua perfeita espontaneidade. O povo obedece a uma excitação ou sugestão externa ou a uma inspiração, intuição ou concepção natural? Eis, no estudo das revoluções, o que não se saberá determinar com suficiente precisão. Sem dúvida as ideias que em todas as épocas agitaram as massas manifestaram-se anteriormente no cérebro de algum pensador; no que diz respeito a ideias, opiniões, crenças, erros, a prioridade jamais foi das multidões e isso não poderá ser de outra forma hoje. A prioridade, em todo ato do espírito, está na individualidade; a relação dos termos o indica.

Mas falta muito para que todo pensamento de que se apodera o indivíduo se aposse mais tarde das populações; entre as ideias que as empolgam, falta muito para que elas sejam justas e úteis; e nós dizemos precisamente que o que importa sobretudo ao historiador filósofo é observar como o povo se liga em certas ideias mais que em outras, generaliza-as, desenvolve-as à sua maneira, delas faz instituições e costumes que segue tradicionalmente, até que elas caem nas mãos dos legisladores e homens de justiça, que por sua vez fazem artigos de lei e normas para os tribunais.

A revolução não é obra de ninguém

Uma revolução social, como a de 1789, que, sob nossos olhos, a democracia operária continua, é uma transformação que se efetua espontaneamente no conjunto e em todas as partes do corpo político. É um sistema que se substitui a um outro, um organismo novo que substitui uma organização decrépita.

Mas esta substituição não se faz num instante, como um homem que muda de roupa ou vira a casaca; ela não acontece com a ordem de um senhor que tem sua teoria toda acabada ou sob a inspiração de um revelador.

Uma revolução verdadeiramente orgânica, produto da vida universal, mesmo que tenha seus mensageiros e seus executores, não é verdadeiramente a obra de ninguém.

Coleção L&PM POCKET

1271. **O melhor de Hagar 8** – Dik Browne
1272. **O melhor de Hagar 9** – Dik Browne
1273. **O melhor de Hagar 10** – Dik e Chris Browne
1274. **Considerações sobre o governo representativo** – John Stuart Mill
1275. **O homem Moisés e a religião monoteísta** – Freud
1276. **Inibição, sintoma e medo** – Freud
1277. **Além do princípio do prazer** – Freud
1278. **O direito de dizer não!** – Walter Riso
1279. **A arte de ser flexível** – Walter Riso
1280. **Casados e descasados** – August Strindberg
1281. **Da Terra à Lua** – Júlio Verne
1282. **Minhas galerias e meus pintores** – Kahnweiler
1283. **A arte do romance** – Virginia Woolf
1284. **Teatro completo v. 1: As aves da noite** seguido de **O visitante** – Hilda Hilst
1285. **Teatro completo v. 2: O verdugo** seguido de **A morte do patriarca** – Hilda Hilst
1286. **Teatro completo v. 3: O rato no muro** seguido de **Auto da barca de Camiri** – Hilda Hilst
1287. **Teatro completo v. 4: A empresa** seguido de **O novo sistema** – Hilda Hilst
1289. **Fora de mim** – Martha Medeiros
1290. **Divã** – Martha Medeiros
1291. **Sobre a genealogia da moral: um escrito polêmico** – Nietzsche
1292. **A consciência de Zeno** – Italo Svevo
1293. **Células-tronco** – Jonathan Slack
1294. **O fim do ciúme e outros contos** – Proust
1295. **A jangada** – Júlio Verne
1296. **A ilha do dr. Moreau** – H.G. Wells
1297. **Ninho de fidalgos** – Ivan Turguêniev
1298. **Jane Eyre** – Charlotte Brontë
1299. **Sobre gatos** – Bukowski
1300. **Sobre o amor** – Bukowski
1301. **Escrever para não enlouquecer** – Bukowski
1302. **222 receitas** – J. A. Pinheiro Machado
1303. **Reinações de Narizinho** – Monteiro Lobato
1304. **O Saci** – Monteiro Lobato
1305. **Memórias da Emília** – Monteiro Lobato
1306. **O Picapau Amarelo** – Monteiro Lobato
1307. **A reforma da Natureza** – Monteiro Lobato
1308. **Fábulas** seguido de **Histórias diversas** – Monteiro Lobato
1309. **Aventuras de Hans Staden** – Monteiro Lobato
1310. **Peter Pan** – Monteiro Lobato
1311. **Dom Quixote das crianças** – Monteiro Lobato
1312. **O Minotauro** – Monteiro Lobato
1313. **Um quarto só seu** – Virginia Woolf
1314. **Sonetos** – Shakespeare
1315. (35).**Thoreau** – Marie Berthoumieu e Laura El Makki
1316. **Teoria da arte** – Cynthia Freeland
1317. **A arte da prudência** – Baltasar Gracián
1318. **O louco** seguido de **Areia e espuma** – Khalil Gibran
1319. **O profeta** seguido de **O jardim do profeta** – Khalil Gibran
1320. **Jesus, o Filho do Homem** – Khalil Gibran
1321. **A luta** – Norman Mailer
1322. **Sobre o sofrimento do mundo e outros ensaios** – Schopenhauer
1323. **Epidemiologia** – Rodolfo Sacacci
1324. **Japão moderno** – Christopher Goto-Jones
1325. **A arte da meditação** – Matthieu Ricard
1326. **O adversário secreto** – Agatha Christie
1327. **Pollyanna** – Eleanor H. Porter
1328. **Espelhos** – Eduardo Galeano
1329. **A Vênus das peles** – Sacher-Masoch
1330. **O 18 de brumário de Luís Bonaparte** – Karl Marx
1331. **Um jogo para os vivos** – Patricia Highsmith
1332. **A tristeza pode esperar** – J.J. Camargo
1333. **Vinte poemas de amor e uma canção desesperada** – Pablo Neruda
1334. **Judaísmo** – Norman Solomon
1335. **Esquizofrenia** – Christopher Frith & Eve Johnstone
1336. **Seis personagens em busca de um autor** – Luigi Pirandello
1337. **A Fazenda dos Animais** – George Orwell
1338. **1984** – George Orwell
1339. **Ubu Rei** – Alfred Jarry
1340. **Sobre bêbados e bebidas** – Bukowski
1341. **Tempestade para os vivos e para os mortos** – Bukowski
1342. **Complicado** – Natsume Ono
1343. **Sobre o livre-arbítrio** – Schopenhauer
1344. **Uma breve história da literatura** – John Sutherland
1345. **Você fica tão sozinho às vezes que até faz sentido** – Bukowski
1346. **Um apartamento em Paris** – Guillaume Musso
1347. **Receitas fáceis e saborosas** – José Antonio Pinheiro Machado
1348. **Por que engordamos** – Gary Taubes
1349. **A fabulosa história do hospital** – Jean-Noël Fabiani
1350. **Voo noturno** seguido de **Terra dos homens** – Antoine de Saint-Exupéry
1351. **Doutor Sax** – Jack Kerouac
1352. **O livro do Tao e da virtude** – Lao-Tsé
1353. **Pista negra** – Antonio Manzini
1354. **A chave de vidro** – Dashiell Hammett
1355. **Martin Eden** – Jack London
1356. **Já te disse adeus, e agora, como te esqueço?** – Walter Riso
1357. **A viagem do descobrimento** – Eduardo Bueno
1358. **Náufragos, traficantes e degredados** – Eduardo Bueno
1359. **O retrato do Brasil** – Paulo Prado
1360. **Maravilhosamente imperfeito, escandalosamente feliz** – Walter Riso

lepmeditores
www.lpm.com.br
o site que conta tudo

IMPRESSÃO:

PALLOTTI
GRÁFICA

Santa Maria - RS | Fone: (55) 3220.4500
www.graficapallotti.com.br